Steffen Meyer

# Ein Kriegsgefangenen- und Konzentrationslager in seinem Umfeld:

Bergen-Belsen von „außen" und von „innen" 1941-1950

Steffen Meyer

# EIN KRIEGSGEFANGENEN- UND KONZENTRATIONSLAGER IN SEINEM UMFELD:

Bergen-Belsen von „außen" und von „innen" 1941-1950

*ibidem*-Verlag
Stuttgart

**Bibliografische Information Der Deutschen Bibliothek**

Die Deutsche Bibliothek verzeichnet diese Publikation in der Deutschen Nationalbibliografie; detaillierte bibliografische Daten sind im Internet über <http://dnb.ddb.de> abrufbar.

∞

Gedruckt auf alterungsbeständigem, säurefreien Papier
Printed on acid-free paper

ISBN: 3-89821-227-0
© *ibidem*-Verlag
Stuttgart 2003
Alle Rechte vorbehalten

Das Werk einschließlich aller seiner Teile ist urheberrechtlich geschützt. Jede Verwertung außerhalb der engen Grenzen des Urheberrechtsgesetzes ist ohne Zustimmung des Verlages unzulässig und strafbar. Dies gilt insbesondere für Vervielfältigungen, Übersetzungen, Mikroverfilmungen und elektronische Speicherformen sowie die Einspeicherung und Verarbeitung in elektronischen Systemen.

Printed in Germany

**Inhalt**

## 1. Einleitung
    1.1 Fragestellung und Aufbau .................................................................. 7
    1.2 Quellen und Literatur ........................................................................ 10
    1.3 Der Zeitzeugenbericht: Einordnung und Bedeutung ........................ 14

## 2. Das sowjetische Kriegsgefangenenlager 1941-1943
    2.1 Entstehung und Entwicklung des Stalag XI C/311 Bergen-Belsen ............ 19
    2.2 Das Kriegsgefangenenlager und sein Umfeld: Die Wahrnehmung
        von »außen« und von »innen« ........................................................ 23
        2.2.1 Die Ankunft der Gefangenen ................................................ 23
        2.2.2 Die Versorgung des Lagers .................................................... 26
        2.2.3 Der Arbeitseinsatz der Gefangenen ...................................... 29
        2.2.4 Fluchtversuche ....................................................................... 33
        2.2.5 Tauschhandel, Neugierde und Sensationslust am Lagerzaun ............ 36

## 3. Das Konzentrationslager 1943-1945
    3.1 Entstehung und Entwicklung ............................................................ 39
    3.2 Das Konzentrationslager und sein Umfeld: Die Wahrnehmung
        von »außen« und von »innen« ........................................................ 44
        3.2.1 Ankommende und abgehende Transporte ............................ 44
        3.2.2 Die Versorgung des Lagers .................................................... 53
        3.2.3 Der Arbeitseinsatz der Häftlinge .......................................... 60
        3.2.4 »Sie hatten alles, nur keine Freiheit«: Beispiele für weitere
             Berührungspunkte ................................................................. 65
        3.2.5 Das SS-Personal .................................................................... 69

## 4. Befreit, aber nicht in Freiheit: Die ehemaligen Häftlinge und das Leben in der Region Bergen von 1945-1950
    4.1 »Füttre die Bestie«: Die ersten Wochen nach der Befreiung ............ 77
    4.2 Das »Bergen-Belsen D.P. Hohne Camp«: Die Wahrnehmung von
        »außen« und von »innen« ............................................................... 86
        4.2.1 Die medizinische Betreuung der ehemaligen Häftlinge ...... 86

    4.2.2 Das Problem der Repatriierung ............................................................. 89
    4.2.3 Das Leben im und mit dem Camp ........................................................ 91
    4.2.4 Die Auflösung des Camps und das Schicksal der letzten DPs ........... 96

## 5. Der Umgang mit der Vergangenheit: Bergen-Belsen von 1950 bis heute

    5.1 »Wie steht es in Wahrheit mit Belsen?«: Der Bericht des
        Amtsgerichtsrats Ernst von Briesen ............................................................. 99
    5.2 Der Wahlerfolg der Sozialistischen Reichspartei (SRP) ..................... 103
    5.3 Die Gedenkstätte Bergen-Belsen ............................................................. 107
    5.4 Die Umbenennung der Belsener Straße ................................................. 112
    5.5 Bergen-Belsen im Spiegel von Orts- und Kriegschroniken ................. 115

## 6. Schluss ..................................................................................................... 119

## 7. Quellen- und Literaturverzeichnis ................................................. 123

## 8. Abkürzungsverzeichnis ...................................................................... 133

1. Einleitung

1.1 Fragestellung und Aufbau

Im Jahr 1978 brachte Axel Springers Propyläen-Verlag eine Gesamtdarstellung über die Geschichte der Deutschen heraus, die nicht nur in Fachkreisen für Aufsehen sorgte.[1] Während sich das Buch von Hellmut Diwald, seinerzeit Professor am Historischen Seminar der Universität Erlangen, einen Platz auf den Bestsellerlisten sicherte, bezeichnete Golo Mann speziell den Abschnitt über die nationalsozialistische Vernichtungspolitik als »das Ungeheuerlichste, was ich seit 1945 in einem deutschen Buch habe lesen müssen.«[2] Diwald relativiert und leugnet in dem Kapitel »Die Endlösung« die Verbrechen in den Vernichtungs- und Konzentrationslagern und versucht seine Behauptungen auch mit Hilfe des Konzentrationslagers (KZ) Bergen-Belsen zu stützen: Er minimiert ohne Beleg die bereits Anfang der 60er Jahre durch eine quellenkritische Analyse von Eberhard Kolb ermittelte Opferzahl von 50.000 toten KZ-Häftlingen auf 7.000 und erklärt ihr Sterben durch Seuchen und Unterernährung, da »im Zuge des Bombenkrieges die medikamentöse Versorgung und Verpflegung zusammengebrochen war.«[3]

Diwald, der mit seinem Buch in rechten Kreisen offene Türen eintrat und 1987 eine revidierte Auflage veröffentlichte,[4] geht offensichtlich davon aus, dass das KZ Bergen-Belsen in erster Linie aus dem weiter entfernten Reichsgebiet versorgt wurde. Sonst würde der Hinweis auf den Bombenkrieg wenig Sinn machen, denn das Lager Bergen-Belsen befand sich auf dem Gebiet des ländlich geprägten Landkreises Celle, der von flächendeckenden Bombardements weitgehend verschont blieb und deshalb auch keinen totalen Zusammenbruch der Infrastruktur zu verzeichnen hatte.[5] Da sich die Gesamtzahl aller Menschen, die zwischen 1943 und 1945 im KZ Bergen-Belsen inhaftiert war, nach vorsichtigen Schätzungen auf 110.000 bis 120.000 beläuft,[6] zu denen noch das SS-Personal hinzuzurechnen ist, scheint diese Auffassung schon aus

---

[1] Hellmut Diwald, Geschichte der Deutschen, Frankfurt am Main/Berlin/Wien 1978.

[2] Zitiert nach: Streisand, S. 467.

[3] Diwald, Geschichte 1978, S. 164.

[4] Die von Gerhard Frey herausgegebene Deutsche National-Zeitung setzte das »wegen seiner Objektivität bahnbrechende Geschichtswerk« an die Spitze ihrer Buchempfehlungen. In der von Axel Springer wegen »mißverständlicher Formulierungen« angekündigten Neuauflage erwähnt Diwald, der 1990 die Präambel zum Parteiprogramm der Republikaner verfasste, Bergen-Belsen überhaupt nicht mehr. Diwald, Geschichte 1987, S. 164 u. Siegler S. 11.

[5] Bertram/Voss, S. 9.

[6] Jürgens/Rahe, S. 140.

logistischen Gründen wenig realistisch. Vielmehr, so meine These, muss ein Lager dieser Größenordnung seine Versorgungsgüter, zumal die für den täglichen Bedarf, zum großen Teil entweder selbst erwirtschaftet oder aus der unmittelbaren Umgebung bezogen haben. Diese These impliziert, dass die Menschen aus dem näheren Umfeld nicht nur marginale Kenntnisse von der Existenz und Funktion des Lagers hatten, das einige Kilometer von den nächsten Ortschaften entfernt in einem Wald lag, sondern dass Lager und Außenwelt miteinander kooperierten.

In der vorliegenden Studie soll verdeutlicht werden, welche Berührungspunkte es zwischen dem Lager Bergen-Belsen und seinem Umfeld gab, und wie sich Häftlinge, SS-Personal und Bevölkerung gegenseitig wahrnahmen. Die unterschiedlichen Verhaltensweisen von SS-Personal und Bevölkerung gegenüber den Häftlingen zeigen darüber hinaus Handlungsspielräume im totalitären NS-Staat auf. Die lokalgeschichtliche Perspektive wird ergänzt, indem in den Bereichen Transport, Arbeitseinsatz und Versorgung der Häftlinge der Befehlsweg von den übergeordneten Behörden bis hinunter zur Lagerverwaltung nachgezeichnet wird.

Um Entwicklungen aufzeigen zu können, wurde ein chronologischer Aufbau gewählt. Die Studie beginnt deshalb mit der Geschichte des sowjetischen Kriegsgefangenenlagers Bergen-Belsen, das 1941 auf dem Gelände des späteren KZ eingerichtet wurde. Nach einer kurzen Schilderung der Entstehung und Entwicklung des Kriegsgefangenenlagers werden auch hier die lokalgeschichtlichen Aspekte in einen historischen Rahmen eingefügt, um das Verhalten und die Wahrnehmung der Bevölkerung in Bezug auf die Kriegsgefangenen zu erklären. Hellmut Diwald erwähnt in seinem Buch »Die Geschichte der Deutschen« auch die russischen Kriegsgefangenen, die im Verlauf des Krieges nach Deutschland deportiert wurden. Er behauptet, dass die meisten von ihnen, abgesehen von der Unterbringung, nicht viel schlechter gelebt hätten als die deutsche Zivilbevölkerung.[7] Ob diese Behauptung auch für Bergen-Belsen zutrifft, wird ebenfalls thematisiert.

Im Anschluss an dieses Kapitel wird die Zeit des Austausch- und Konzentrationslagers Bergen-Belsen unter den oben beschriebenen Gesichtspunkten untersucht.[8] Das Lager wurde auf Befehl Heinrich Himmlers im Frühjahr 1943 errichtet, um ausländische Juden bei Bedarf gegen im Ausland internierte Deutsche austauschen zu können.

---

[7] Diwald, Geschichte 1978, S. 124.
[8] Bis Dezember 1944 wurde Bergen-Belsen als Aufenthaltslager oder Austauschlager bezeichnet. Beide Bezeichnungen werden in dieser Studie verwendet. Ab Dezember 1944 wurde Bergen-Belsen auch »offiziell« ein Konzentrationslager. Vgl. dazu das Kapitel 3.1.

Tatsächlich gelangten nur wenige von den in Bergen-Belsen inhaftierten Menschen im Rahmen von Austauschaktionen in die Freiheit. Stattdessen sorgten die Bilder, die britische Soldaten nach der Befreiung von den katastrophalen Zuständen und den Leichenbergen im Lager machten, dafür, dass Bergen-Belsen weltweit zum Symbol für die Verbrechen des nationalsozialistischen Terrorregimes wurde.

Da die SS das Lager nicht vor den heranrückenden Alliierten räumte, mussten britische Soldaten mehrere Tausend kranke und fast verhungerte Menschen ärztlich betreuen. Sie richteten in Wehrmachtskasernen, die nur zwei Kilometer entfernt auf dem Gelände eines Truppenübungsplatzes lagen, Nothospitäler ein, aus denen sich das größte »DP-Camp« Deutschlands entwickelte. Unter dem Begriff Displaced Persons (DPs) fassten die Alliierten alle Zivilpersonen zusammen, die aufgrund von Kriegseinwirkungen in Gebiete außerhalb ihrer Heimatstaaten verschlagen wurden und die nur mit alliierter Hilfe in ihre Heimat oder in ein anderes Land zurückkehren konnten. Als DPs wurden die befreiten KZ-Häftlinge, Kriegsgefangene und Zwangsarbeiter bezeichnet, ebenso Osteuropäer, die nach Kriegsbeginn für die deutsche Wirtschaft tätig waren oder 1944 vor der Roten Armee ins Reich flüchteten.[9] Ihre Gesamtzahl wird in Deutschland für das Jahr 1945 auf 6,5 bis 7 Millionen geschätzt.[10] Im Landkreis Celle befanden sich im Frühjahr/Sommer 1945 rund 25.000 DPs, die in den ersten Nachkriegsmonaten noch verteilt in vielen kleinen Sammellagern lebten. Ende 1945 wurden die DPs, die noch nicht in ihre Heimat repatriiert werden konnten, im »Bergen-Belsen D.P. Hohne-Camp«, so die offizielle Bezeichnung, konzentriert,[11] in dem ab Mitte 1946 bis zu seiner Auflösung im Jahre 1950 fast ausschließlich polnische Juden lebten. Das Bergen-Belsen D.P. Hohne-Camp war während seines Bestehens nicht nur ein bedeutender Umschlagplatz für den Schwarzmarkthandel, sondern auch Arbeitgeber für viele Menschen aus der Region Bergen.[12] Somit gab es zwischen Camp und Umfeld viele Berührungspunkte, die im 4. Kapitel näher be-

---

[9] Jacobmeyer, Jüdische Überlebende, S. 422.

[10] Wetzel, S. 34.

[11] Schulze, Militärregierung, S. 21. Um Platz für den Aufbau eines Truppenübungsplatzes zu schaffen (siehe Kapitel 2.1), auf dessen Gelände nicht nur die Wehrmachtskasernen, sondern auch das Kriegsgefangenen- und Konzentrationslager errichtet wurden, mussten 1935 einige Ortschaften geräumt werden, darunter auch der Ort Hohne. Auf ihn bezogen sich die Briten bei der Namensgebung des DP-Camps. Hack, S. 118.

[12] Der Ort Bergen lag 8 Kilometer vom ehemaligen Lager und DP-Camp entfernt und hatte Ende der 30er Jahre ca. 2.000 Einwohner. Damit war Bergen die größte Ortschaft in der Nähe von Bergen-Belsen.

trachtet werden. Darüber hinaus lässt sich anhand dieses Kapitels darstellen, wie die ehemaligen Häftlinge auf ihre Befreiung reagierten und wie die Bevölkerung aus den umliegenden Ortschaften die in erster Linie jüdischen DPs wahrgenommen hat.
Den Abschluss bildet ein Kapitel über den (schwierigen) Umgang mit der Vergangenheit. Einige Beispiele sollen verdeutlichen, dass viele Menschen aus der Region Bergen bis in die heutige Zeit die Geschichte des Kriegsgefangenen- und Konzentrationslagers Bergen-Belsen verdrängen und sich generell nicht kritisch mit dem nationalsozialistischen Herrschaftssystem auseinandersetzen. Anhand von Zeitzeugenberichten, die ein wesentlicher Bestandteil dieser Untersuchung sind, sollen ihre Beweggründe näher betrachtet werden. Nur mit Hilfe dieser Berichte lässt sich z.B. die eigentlich paradoxe Situation erklären, warum Menschen aus der Region Bergen, vor deren Haustür der Nationalsozialismus seine ganze Vernichtungsideologie offenbarte, wenige Jahre später in großer Zahl mit der Sozialistischen Reichspartei (SRP) eine Partei wählten, die in der Tradition der NSDAP stand.

## 1.2 Quellen und Literatur
Quellen:
Wenige Tage vor der Befreiung des Konzentrationslagers Bergen-Belsen ließ der SS-Kommandanturstab seine Lagerregistratur vernichten. Neben einzelnen Schriftstücken aus der Lagerverwaltung, die z.B. von ehemaligen Häftlingen, die in der Schreibstube arbeiteten, vor der Vernichtung bewahrt werden konnten, sind noch Akten von deutschen Behörden erhalten geblieben, die mit dem Lager Bergen-Belsen administrativ verbunden waren. Als Beispiel sei hier das Reichssicherheitshauptamt (RSHA) genannt, das u.a. im August 1943 die »Richtlinien zur technischen Durchführung der Verlegung von Juden in das Aufenthaltslager Bergen-Belsen« erlassen hatte. Neben diesen Akten und Dokumenten besteht das Fundament dieser Studie aus Zeitzeugenberichten. Es wurden sowohl Aussagen von ehemaligen Häftlingen als auch von Bewohnern der umliegenden Ortschaften berücksichtigt. Auf die Einordnung und Bedeutung der Zeitzeugenberichte wird in Kapitel 1.3 eingegangen.

*Archiv der Gedenkstätte Bergen-Belsen*
Seit 1987 wird in der Gedenkstätte eine Sammlung zumeist ungedruckter bzw. unveröffentlichter Erinnerungsberichte und Tagebücher archiviert und laufend erweitert, die von Personen verfasst wurden, die als Häftlinge in Bergen-Belsen waren oder in unmittelbarem Kontakt zum Kriegsgefangenen- oder Konzentrationslager sowie

zum DP-Camp standen. Die alphabetisch geordnete Sammlung enthält ca. 570 Erinnerungsberichte. Eine Reihe dieser Berichte ist noch nicht übersetzt und liegt nur in der Muttersprache der ehemaligen KZ-Häftlinge, vorwiegend in Polnisch, Russisch oder Hebräisch, vor. Bestandteil dieser Sammlung sind auch die Ergebnisse verschiedener Interviewprojekte, die Mitarbeiter der Gedenkstätte mit ehemaligen Häftlingen und Zeitzeugen seit einigen Jahren durchführen. Archiviert sind bisher 300 Audio- und Videointerviews, von denen ca. die Hälfte noch nicht transkribiert ist. Ein weiterer wichtiger Quellenbestand ist ein Gemeinschaftsprojekt der Kreisvolkshochschule Celle mit der Niedersächsischen Landeszentrale für politische Bildung. Unter Leitung von Hans-Heinrich Zander trafen sich im Jahr 1982 an verschiedenen Abenden mehr als 20 Berger Bürger, um unter dem Titel »Berger Bürger schreiben die Nachkriegsgeschichte ihrer Stadt« über ihre Erfahrungen und Erlebnisse von der Zeit des Dritten Reiches bis in die ersten Nachkriegsjahre zu sprechen. Thema war neben den Lebens- und Arbeitsbedingungen in der Nachkriegszeit auch das Konzentrationslager Bergen-Belsen und der Umgang mit der Vergangenheit. Die Gespräche und Interviews wurden zwar aufgezeichnet und sind als Kopie in der Gedenkstätte archiviert, veröffentlicht wurde aber lediglich eine zum Projekt gehörende Quellen- und Dokumentensammlung.

Im Archiv der Gedenkstätte liegt außerdem die erste zusammenfassende Darstellung über das Kriegsgefangenenlager Bergen-Belsen von Rolf Keller als Kopie vor. Der Verfasser ist der Leiter des Zentralnachweis zur Geschichte von Widerstand und Verfolgung 1933-1945 auf dem Gebiet des Landes Niedersachsen (ZNW). Sein unveröffentlichter Forschungsbericht spiegelt den Stand von 1992 wieder.

*Kreisarchiv Celle*
Am 13. Juni 1946 erhielt die Celler Heimatforscherin Hanna Fueß von der Kreisbauernschaft Celle den Auftrag, eine Kriegs- und Nachkriegschronik des Landkreises Celle zu erstellen. Zwei Jahre lang bereiste sie die damals 93 Gemeinden des Landkreises und sammelte 350 Erlebnisberichte. Die Sammlung Hanna Fueß (SHF) ist 1991 von Rainer Schulze in Auszügen und mit einem Kommentar versehen ediert worden. Schulze wählte für seine Edition 61 Dokumente aus; neben der Materialdichte musste er darauf Rücksicht nehmen, dass nicht alle Berichte zur Veröffentlichung freigegeben waren. Heute besteht diese Einschränkung nicht mehr, so dass in der vorliegenden Studie alle Aufzeichnungen berücksichtigt wurden, die räumlich einen Bezug zu Bergen-Belsen erkennen lassen.

Einige wenige interessante Aussagen enthalten die Lageberichte des damaligen Landrates des Kreises Celle, Wilhelm Heinichen, der wie alle Landräte in Preußen seit Dezember 1933 im Auftrag der zuständigen Staatspolizeistelle regelmäßig an seinen Regierungspräsidenten, im Fall Heinichen den von Lüneburg, einen Lagebericht erstatten musste, der schwerpunktmäßig die Stimmung in der Bevölkerung erfassen sollte. Anhand dieser Berichte konnte auf regimekritische Äußerungen und anhaltende Unzufriedenheit von entsprechender Stelle reagiert werden. Heinichen bekam seine Informationen aus nächster Hand, denn die Bürgermeister und Gemeindedirektoren des Landkreises Celle waren ihrerseits verpflichtet, dem Landrat einen Stimmungsbericht zu erstatten. Die Lageberichte waren geheim und die Berichterstatter angewiesen, sich wahrheitsgemäß zu äußern. Für den hier behandelten Zeitraum sind sie vollständig erhalten.[13]

*Stadtarchiv Celle und Stadtarchiv Bergen*
In den beiden Stadtarchiven konzentrierte sich die Materialsuche auf verschiedene Berührungspunkte, die zwischen dem Lager und den umliegenden Ortschaften vermutet wurden. Dass die Quellenlage bezüglich dieser Untersuchung allgemein sehr dürftig ist, bestätigte sich auch hier. Es konnten lediglich einige amtliche Dokumente und Briefwechsel gesichtet werden, die u.a. auf Kontakte zwischen der Zivilbevölkerung und entflohenen Kriegsgefangenen aufmerksam machten. Im Stadtarchiv Bergen sind dafür zum Teil handschriftliche Aufzeichnungen von Bürgern archiviert, die sich mit dem hier umrissenen Zeitraum befassen und für das abschließende Kapitel »Der Umgang mit der Vergangenheit: Bergen-Belsen von 1950 bis heute« Verwendung finden.

Literatur:
Mehr als 30 Jahre war Eberhard Kolbs Studie »Bergen-Belsen. Geschichte des ›Aufenthaltslagers‹ 1943-1945« die einzige umfassende Darstellung über das Austausch- und Konzentrationslager Bergen-Belsen. 1962 im Auftrag der Niedersächsischen Landesregierung erschienen, ist das Buch schnell vergriffen gewesen und in dieser Form nicht wieder aufgelegt worden. Nach eigener Aussage machte Kolb während seiner Nachforschungen eine deprimierende Erfahrung: »Ich stieß wie auf eine Gummiwand, als ich einige der Anwohner befragte, die mehr über das Lager wußten

---

[13] Münkel, S. 75-78.

und auch noch Unterlagen hatten.«[14] Etliche dieser für die historische Dokumentation äußerst wertvollen Unterlagen, so Kolb, verschwanden auf »mysteriöse Weise«.[15] Kolb veröffentlichte in den darauf folgenden Jahren noch einige zusammenfassende Abhandlungen seiner Monographie, wobei er in der letzten Auflage von 1996 den neuen Forschungsstand berücksichtigte. Z.B. betont er nun stärker die Einflussnahme Heinrich Himmlers auf die Gründung des Austauschlagers Bergen-Belsen. Eine Ergänzung zu Kolbs Studie stellt Alexandra-Eileen Wencks im Jahr 2000 veröffentlichte Dissertation »Zwischen Menschenhandel und ›Endlösung‹: Das Konzentrationslager Bergen-Belsen« dar. Sowohl Kolb als auch Wenck berücksichtigen aber nicht die Zeit des Kriegsgefangenlagers und geben nur sehr wenige Hinweise auf die Einbindung des Lagers in sein Umfeld.[16]

Im Zuge der Neugestaltung der Gedenkstätte[17] ist von ihrem Träger, der Niedersächsischen Landeszentrale für politische Bildung, eine Schriftenreihe ins Leben gerufen worden, die in unregelmäßiger Folge neben Selbstzeugnissen ehemaliger Häftlinge auch Aktenmaterial zur Geschichte Bergen-Belsens veröffentlicht, welches in verschiedenen Archiven, u.a. im Public Record Office (PRO) in Kew/London, gesichtet wurde. Der Band »Konzentrationslager Bergen-Belsen: Berichte und Dokumente« von 1995 fließt in diese Untersuchung mit ein.

Während in den letzten Jahren eine Reihe von Regionalstudien über DPs in Deutschland erschienen sind,[18] steht für das D.P. Hohne-Camp, ähnlich wie für das Kriegsgefangenenlager Bergen-Belsen, noch eine umfassende Untersuchung aus. Neben Zeitzeugenberichten und einigen Aufsätzen, die Teilaspekte des Camps untersuchen, soll

---

[14] Hannoversche Allgemeine Zeitung vom 24. März 1962.
[15] Ebd.
[16] Überhaupt ist das Thema »KZ und Umfeld« von der Forschung lange vernachlässigt worden. Ausnahmen bilden u.a.: Sybille Steinbacher, Dachau – Die Stadt und das Konzentrationslager in der NS-Zeit. Die Untersuchung einer Nachbarschaft, Frankfurt am Main/Berlin/Bern 1993; Konzentrationslager. Lebenswelt und Umfeld. Dachauer Hefte, Nr. 12 (1996); Jens Schley, Nachbar Buchenwald. Die Stadt Weimar und ihr Konzentrationslager 1937 –1945, Köln/Weimar 1999; Harold Marcuse, Legacies of Dachau: the uses and abuses of a concentration camp, 1933-2001, Cambridge 2001 u. Öffentlichkeit und KZ – Was wusste die Bevölkerung? Dachauer Hefte, Nr. 17 (2001).
[17] Vgl. dazu den kurzen historischen Abriß in 5.3.
[18] Vgl. u.a. Hannes Harding, Displaced Persons (DPs) in Schleswig-Holstein 1945-1953, Frankfurt am Main 1997; Andreas Lembeck, Befreit, aber nicht in Freiheit. Displaced Persons im Emsland 1945-1950, Bremen 1997 u. Patrick Wagner, Displaced Persons in Hamburg. Stationen einer halbherzigen Integration 1945 bis 1958, Hamburg 1997.

hier in erster Linie eine Studie von Angelika Königseder und Juliane Wetzel dazu dienen, die Entstehung und Entwicklung des DP-Camps nachzuzeichnen.[19]

**1.3 Der Zeitzeugenbericht: Einordnung und Bedeutung**

Den jüdischen »Austauschhäftlingen«, die ab Sommer 1943 nach Bergen-Belsen kamen, war es zunächst noch möglich, private Habseligkeiten mit ins Lager zu nehmen. Ein Erlass über die Beförderungsbedingungen der Juden bemerkt sogar ausdrücklich, dass es ihnen gestattet war, Briefe zu schreiben.[20] Wenn diese Verfügung auch für die Menschen der späteren Evakuierungstransporte nach Bergen-Belsen nicht mehr zutraf, waren die materiellen Voraussetzungen für das Anfertigen von Notizen, Zeichnungen, Gedichten und auch Tagebüchern besser als in anderen Lagern des nationalsozialistischen Terrorregimes. Als sich aber im weiteren Verlauf der Lagergeschichte Bergen-Belsens die Lebensumstände der Häftlinge immer weiter verschlechterten, hinderte nicht nur die schwierige Frage nach der Beschaffung von Stiften und Schreibunterlagen den Großteil der Insassen daran, Aufzeichnungen für ihre Nachwelt zu machen, sondern in erster Linie ihre physische und psychische Verfassung. Ein Beispiel ist Renata Laquer, die am 15. März 1944 vom Durchgangslager Westerbork nach Bergen-Belsen deportiert wurde. Sie schrieb mehrere Monate lang Tagebuch, bis sie im Winter 1944, durch die immer schlechter werdenden Lebensumstände im Lager von Hunger und Typhus gepeinigt, ihre Aufzeichnungen vorübergehend beendete. Aus der Erinnerung ergänzte sie im Sommer 1946 den fehlenden Zeitabschnitt.[21]

Auch von Bewohnern der umliegenden Ortschaften gibt es Erlebnisberichte, die zeitlich einen engen Bezug zu dem hier behandelten Zeitraum haben. In erster Linie sind dies die Berichte, die in der bereits angesprochenen SHF zusammengefasst sind. Die Heimatforscherin legte bei den Gesprächen mit der Celler Landkreisbevölkerung Wert darauf, dem Gesagten keine eigenen Ergänzungen oder Korrekturen beizufügen. Die Mitschriften sind, entgegen der eigentlichen Intention von Fueß, nicht mehr be-

---

[19] Königseder und Wetzel haben speziell die Situation der jüdischen DPs im Nachkriegsdeutschland untersucht und in einem Kapitel das Bergen-Belsen D.P. Hohne-Camp berücksichtigt. Königseder/Wetzel, S. 173-218.

[20] Aktenvermerk des Befehlshabers der Sicherheitspolizei Den Haag (IV B 4) über den Abtransport jüdischer Rückstellungsgruppen von Westerbork nach Bergen-Belsen, 21. September 1943, in: Konzentrationslager Bergen-Belsen, S. 47.

[21] Renata Laquer, Bergen-Belsen-Tagebuch 1944/1945, Hannover 1983.

arbeitet worden und so in ihrer ursprünglichen Form erhalten geblieben. Da sie ihren Gesprächspartnern eine vertrauliche Behandlung der Aufzeichnungen zusicherte, geht Rainer Schulze davon aus, dass sie, zumal ohne großen Zeitfilter, einen hohen Quellenwert besitzen.[22] Sowohl bei den Tagebuchaufzeichnungen ehemaliger Häftlinge als auch bei der SHF kommen aber vereinzelt Ungenauigkeiten in Bezug auf chronologische oder statistische Angaben vor, so dass der Feststellung von Thomas Rahe, wissenschaftlicher Leiter der Gedenkstätte Bergen-Belsen, nur zuzustimmen ist, dass allein die zeitliche Nähe eines Selbstzeugnisses zu den historischen Ereignissen noch nicht seine historische Zuverlässigkeit verbürgt. Vielmehr muß jeder Zeitzeugenbericht einer sorgfältigen Quellenkritik unterzogen werden.[23]

Die meisten in der vorliegenden Studie verwendeten Zeitzeugenberichte sind aber viele Jahre, oft Jahrzehnte, nach dem eigentlichen Ereignis oder Lebensabschnitt entstanden. Das betrifft sowohl die Aufzeichnungen und Interviews ehemaliger Häftlinge als auch die der deutschen Zivilbevölkerung und Wehrmachtssoldaten. Auch sie können, bedingt durch die zeitliche Distanz, Ungenauigkeiten sowie verzerrte oder verklärte Aussagen enthalten.[24] Elisabeth Sommer-Lefkovits, Überlebende der Konzentrationslager Ravensbrück und Bergen-Belsen, beschreibt z.B. in ihren Erinnerungen sehr eindrucksvoll, wie ihr Sohn durch Nachforschungen ermittelte, dass sie nicht, wie sie jahrelang glaubte, den ganzen Weg von Ravensbrück nach Bergen-Belsen zu Fuß zurückgelegt haben konnte.[25] Bei den in den letzten Jahren durchgeführten und in dieser Untersuchung verwendeten Interviewprojekten muß zudem die methodische Vorgehensweise berücksichtigt werden. Als Beispiel seien hier die Gesprächsabende mit Berger Bürgern erwähnt, die 1982 unter Leitung des Dozenten Hans-Heinrich Zander stattfanden. Viele Teilnehmer waren bemüht, in Gruppengesprächen die Geschehnisse im Kriegsgefangenen- und Konzentrationslager Bergen-Belsen zu verharmlosen und bisweilen zu rechtfertigen. Die Teilnehmer, die aussagten, seit vielen Jahren unter einem pauschalisierten Schuldvorwurf zu leiden, bezogen ihre Kenntnisse aus mündlichen Überlieferungen oder Aufzeichnungen, die Bewohner der Region Bergen verfassten; kaum jemand hatte auf die Forschungsliteratur, z.B. die Studie von Eberhard Kolb, zurückgegriffen. Ihre Aussagen sind daher als historiographische Quelle nur bedingt zu gebrauchen, wenn es darum geht, die Entste-

---

[22] Schulze, Unruhige Zeiten, S. 47.
[23] Rahe, Zeitzeugenberichte, S. 93.
[24] Keller, Scharen, S. 37.
[25] Sommer-Lefkovits, S. 80 f.

hung und Entwicklung Bergen-Belsens sowie die Dimension des Massenmordes nachzuzeichnen.

Um die Geschehnisse so genau wie möglich darstellen zu können, wurde deshalb, soweit es die Quellenlage zuließ, eine Vielzahl von Erlebnisberichten berücksichtigt. Natürlich können auch diese Berichte nur als eine kleine Auswahl verstanden werden. Z.B. sah sich nur eine kleine Zahl der Kriegsgefangenen und KZ-Häftlinge, wie am Beispiel Renata Laquer kurz angedeutet, in der Lage, aufgrund der Lebensumstände in den Lagern Aufzeichnungen zu machen. Das gilt fast im gleichen Maße auch für die Zeit nach der Befreiung. Aus vielerlei Gründen erschien es den Menschen, die die Lagerzeit oft nur mit schweren körperlichen und psychischen Schäden überlebten, nicht möglich, ihre Erlebnisse niederzuschreiben oder in mündlicher Form einem breiteren Publikum mitzuteilen. Vergessen werden soll nicht, dass in schriftlicher und mündlicher Form vorliegende Berichte von KZ-Überlebenden lange Zeit in der breiten Öffentlichkeit und in der Geschichtswissenschaft kaum beachtet wurden. Zum einen wollte man die Geschichten über Leid und Schrecken nicht hören, zum anderen waren lebensgeschichtliche Befragungen gerade hierzulande wissenschaftlich umstritten. Sie galten als unseriöse Quelle.[26]

Festzuhalten ist, dass unabhängig von ihrem Entstehungszeitraum die Erlebnisberichte ehemaliger Häftlinge und von Personen, die auf verschiedene Weise mit dem Lager in Berührung kamen, dazu beitragen können, wichtige Lücken in der KZ-Forschung durch fehlende Aktenüberlieferungen zu schließen. Insbesondere das Thema dieser Studie wäre ohne den Zugriff auf Erlebnisberichte nur fragmentarisch zu erfassen gewesen. Es reicht aber nicht aus, die Erlebnisberichte nur dann zu benutzen, wenn ein adäquater Aktenbestand nicht vorliegt. Auch die Angaben in Aktenüberlieferungen können unzuverlässig sein und müssen einer quellenkritischen Betrachtung standhalten, wie der Soziologe Wolfgang Sofsky anhand von SS-Statistiken über die Monatssterblichkeit in den Konzentrationslagern deutlich machte: Wenn die Lagerverwaltung von der übergeordneten Instanz dazu angehalten wurde, die Sterb-

---

[26] Über den Stellenwert von »Oral history« in Bezug auf KZ-Überlebende vgl. Barbara Distel, Das Zeugnis der Zurückgekehrten. Zur konfliktreichen Beziehung zwischen KZ-Überlebenden und Nachkriegsöffentlichkeit, in: Die nationalsozialistischen Konzentrationslager. Entwicklung und Struktur, Bd. 1. Herausgegeben von Ulrich Herbert, Karin Orth und Christoph Dieckmann, Göttingen 1998, S. 11-16. Vgl. zu diesem Themenkomplex auch Ulrike Jureit, Erinnerungsmuster. Zur Methodik lebensgeschichtlicher Interviews mit Überlebenden der Konzentrations- und Vernichtungslager, Hamburg 1999.

lichkeitsrate zu senken, schickten einige Kommandanturen schwer kranke Häftlinge auf Transport in andere Lager, um sie nicht mehr in ihre Statistik aufnehmen zu müssen. War es hingegen opportun, möglichst viele Häftlinge in der Lagerregistratur zu erfassen, wurden Todesfälle in die Statistik aufgenommen.[27]

Das Beispiel von Sofsky sollte noch einmal verdeutlichen, dass die Selbstzeugnisse keine Quellenkategorie zweiter Klasse sind, wie Thomas Rahe zutreffend bemerkt.[28] Über ihren Wert, so der Gedenkstättenleiter, entscheidet letztlich immer die jeweilige Fragestellung.[29] Anders verhält es sich da mit den Aufzeichnungen von sowjetischen Kriegsgefangenen. Für die Zeit des Kriegsgefangenenlagers Bergen-Belsen liegen nur wenige Überlieferungen von sowjetischen Soldaten vor. Dieser Umstand ist keineswegs ungewöhnlich, denn nach Auffassung des Diktators Josef Stalin war ein in deutsche Gefangenschaft geratener russischer Soldat entweder zu feige zum Kämpfen oder ein Kollaborateur, der mit dem Deutschen Reich paktierte. Durch die dadurch entstandene »Tabuisierung der Kriegsgefangenenthematik in der Sowjetunion«[30] gibt es nur wenige Aufzeichnungen von sowjetischen Soldaten, die etwas über das Leben in deutschen Kriegsgefangenenlagern berichten können.

---

[27] Sofsky, S. 56 f.
[28] Rahe, Kultur im KZ, S. 194.
[29] Ebd.
[30] Keller/Otto, S. 149.

## 2. Das sowjetische Kriegsgefangenenlager 1941-1943
### 2.1 Entstehung und Entwicklung des Stalag XI C/311 Bergen-Belsen
*Vorgeschichte*
Schon bevor 1935 in Deutschland die allgemeine Wehrpflicht wieder eingeführt wurde, zeichnete sich eine verstärkte militärische Aufrüstung ab. Die Wehrmachtsführung begann nach geeigneten Landstrichen Ausschau zu halten, um Übungsplätze für ihre expandierenden Truppen einzurichten. Die dünn besiedelte Heidelandschaft im Großraum Bergen schien ein idealer Standort zu sein. Als auf Grundlage des »Gesetzes über Landesbeschaffung für Zwecke der Wehrmacht« vom 29. März 1935 mehrere Ortschaften in der Nähe des geplanten Truppenübungsplatzes geräumt worden waren, begann am 12. August desselben Jahres der erste Bauabschnitt. Es entstand der bis in die heutige Zeit größte Truppenübungsplatz Westeuropas.[31] Für die rasche Errichtung der Kasernen, Verwaltungs- und Wirtschaftsgebäude sowie den Ausbau einer Infrastruktur waren 4.000 deutsche Arbeiter und polnische Freiwillige angeworben worden. Diese Männer wohnten in einem Barackenlager, dass sie auf einem Teilstück des Truppenübungsplatzes selber bauen mussten.[32] Nach der schnellen Niederwerfung Frankreichs kamen dann im Sommer 1940 die ersten Kriegsgefangenen nach Bergen. Die deutschen und polnischen Arbeiter wurden umquartiert und in ihren Baracken lebte nun bis kurz vor der Einrichtung des russischen Kriegsgefangenenlagers im Frühjahr 1941 das »Bau- und Arbeitsbataillon Nr. 11«, bestehend aus 600 französischen und belgischen Kriegsgefangenen.

Unmittelbar nach dem deutschen Überfall auf Polen am 1. September 1939 war auf Weisung des Oberkommandos der Wehrmacht (OKW) in allen 17 Wehrkreisen des Reichsgebietes ein »Kommandeur der Kriegsgefangenen« dem jeweiligen Wehrkreiskommando unterstellt worden. Diese neue Dienststelle war den einzelnen Kriegsgefangenenlagern und ihren Kommandanturen u.a. in den Angelegenheiten Lagersicherung, Abwehr, Gesundheitswesen und der Verteilung der Kriegsgefangenen zum Arbeitseinsatz übergeordnet.[33] Entscheidende Instanz und damit auch verantwortlich für die Befehlsgebung bezüglich der ins Reichsgebiet deportierten Kriegsgefangenen war allerdings das dem OKW direkt unterstellte Allgemeine Wehrmachtsamt (AWA) und dort speziell die Abteilung Kriegsgefangenenwesen.

---
[31] Keller, Forschungsbericht, S. 10.
[32] Nähere Informationen bei Olaf Mußmann, Geschichte des Truppenübungsplatzes Bergen, Münster 1996.
[33] Borgsen/Volland, S. 16.

Der Chef des AWA, General Hermann Reinecke, war für die meisten völkerrechtswidrigen Befehle verantwortlich, die die Behandlung der sowjetischen Kriegsgefangenen betraf.[34]

Bereits im März 1941, ein Vierteljahr vor Beginn des Russlandfeldzuges, suchte die Abteilung Kriegsgefangenenwesen nach geeigneten Standorten für die Einrichtung spezieller »Russenlager« im Reichsgebiet. Abgelegene Truppenübungsplätze mit guter Infrastruktur, wichtig war eine Bahnanbindung, um die Transportzüge der Gefangenen möglichst nah an das entsprechende Lager heranzuführen, erweckten schnell das Interesse der Verantwortlichen. Abgelegen sollten die Plätze sein, um eine Kontaktaufnahme zwischen den »bolschewistischen Untermenschen« und der deutschen Zivilbevölkerung zu erschweren.[35] Aufgrund der ideologischen Gefahr, die von den sowjetischen Kriegsgefangenen angeblich ausging, verbot Hitler sogar ursprünglich ihre Deportation ins Reichsgebiet. Auf Einwände der deutschen Wirtschaft reagierend, erlaubte Hitler dann zunächst den Transport von 120.000 sowjetischen Kriegsgefangenen nach Deutschland. Erst als sich der deutsche Vormarsch im Winter 1941 in Russland festlief, kam es, in erster Linie aus einem akuten Arbeitskräftemangel heraus, zu einem umfassenden Einsatz der sowjetischen Kriegsgefangenen in der deutschen Rüstungswirtschaft.[36]

*Das Stalag XI C/311 Bergen-Belsen von 1941-1943*
Das Gelände des Truppenübungsplatzes erfüllte die Bedingungen der Abteilung Kriegsgefangenenwesen und es wurden dort aufgrund der enormen Ausmaße gleich drei Kriegsgefangenen-Mannschaftsstammlager (Stalags) eingerichtet, neben dem Stalag XI C/311 Bergen-Belsen noch die Lager in Wietzendorf und Fallingbostel-Oerbke. Die römische Ziffer bezeichnete den zuständigen Wehrkreis XI Hannover, der Großbuchstabe C die Reihenfolge der Aufstellung und die 300er Nummern wurden für Lager vergeben, die Gefangene aus dem Ostfeldzug aufnehmen sollten.[37] Alle drei Lager zusammen sollten ca. 100.000 sowjetische Kriegsgefangene aufnehmen

---

[34] Böhm/Ueberschär, S. 267 u. Hüser/Otto, S. 15 f.
[35] Keller/Otto, S. 149.
[36] Keller, Scharen, S. 39. Vgl. dazu Christian Streit: Keine Kameraden. Die Wehrmacht und die sowjetischen Kriegsgefangenen 1941-1945, 4. Auflage Bonn 1997.
[37] Die Lager für den Frankreichfeldzug hatten z.B. 200er Zahlenkombinationen. Keller, Forschungsbericht, S. 22.

und diese dann als Arbeitskräfte in den gesamten nordwestdeutschen Raum überführen.

Nachdem Bergen-Belsen im April 1941 als Standort festgelegt worden war, erfolgte der Bau des Lagers unter großem Zeitdruck. Das »Bau- und Arbeitsbataillon Nr.11« wurde verlegt und ein Baukommando mit serbischen Kriegsgefangenen eingesetzt. Die Serben erweiterten den bereits vorhandenen Barackenkomplex des Bauarbeiterlagers für die Lagerkommandantur und ein Kriegsgefangenenlazarett. Die erwarteten sowjetischen Kriegsgefangenen sollten zunächst in ein umzäuntes Areal ohne feste Unterkünfte untergebracht werden. Bereits wenige Wochen nach Beginn des Unternehmens Barbarossa trafen im Juli die ersten Transporte mit Gefangenen in Bergen-Belsen ein, bis November 1941 sollten es mehr als 20.000 Gefangene werden. Es zeigte sich schnell, dass die verantwortlichen Institutionen von der Lagerverwaltung bis zur Abteilung Kriegsgefangenenwesen trotz der Perspektive, sie als billige Arbeitskräfte einsetzen zu können, kein Interesse an der Lebenserhaltung der sowjetischen Kriegsgefangenen hatten. Bis in den Winter 1941 hinein mussten die Gefangenen in selbst gebauten Erdhöhlen oder Laubhütten Unterschlupf finden. Sanitäre Einrichtungen gab es kaum und die mangelhafte Ernährung ist nur als katastrophal zu bezeichnen. Um nicht zu verhungern, aßen viele Russen Gras oder Baumrinde. Auch Fälle von Kannibalismus gab es. Die Umstände, unter denen die Kriegsgefangenen vegetieren mussten, beschleunigten die Ausbreitung von Krankheiten, z.B. der Ruhr, sodass die Sterblichkeitsrate Woche für Woche stieg. Bis Ende Oktober waren bereits 5.000 Russen gestorben, insgesamt 18.000 der 20.000 Gefangenen überlebten den Winter 1941/42 nicht.[38] Hellmut Diwalds These, dass die russischen Kriegsgefangenen nicht viel schlechter gelebt haben als die deutsche Zivilbevölkerung, entbehrt somit jeder Grundlage.

Ab August 1941 wurden einige tausend Gefangene in Arbeitskommandos eingeteilt. Der Arbeitseinsatz in Landwirtschaft, Industrie und in den Wehrmachtsbetrieben schien für die meisten Gefangenen zunächst die Rettung vor dem sicheren Tod im Lager zu sein. Tatsächlich waren im Oktober 1941 rund 40% der registrierten Gefan-

---

[38] Die Gesamtzahl der verstorbenen sowjetischen Kriegsgefangenen in Bergen-Belsen lässt sich anhand von Lagerregistraturen und Karteien der Wehrmachtsauskunftsstelle (WASt) mit knapp 20.000 Opfern ziemlich genau ermitteln. Der Aktenbestand ist von Rolf Keller und Reinhard Otto im Zentralarchiv des Verteidigungsministeriums der Russischen Föderation (ZAMO) in Podolsk bei Moskau ausfindig gemacht worden. Keller/Otto, S. 153 u. 174.

genen in Arbeitskommandos eingesetzt; da die Verpflegung aber auch für diese Kriegsgefangenen nicht besser war, lag die Sterblichkeitsrate ähnlich hoch.[39]
Von November 1941 bis Anfang 1942 verließen aufgrund einer Fleckfieberepidemie keine Arbeitskommandos mehr das Lager. Auch die Aussonderungen, die Angehörige der Gestapo-Hamburg unter den Kriegsgefangenen in Bergen-Belsen vornahmen, um »unerwünschte Elemente«, wie z.B. Juden und politische Kommissare, zur Erschießung in das KZ Sachsenhausen zu überstellen, wurden eingestellt. Über den gesamten Truppenübungsplatz wurde eine Quarantäne verhängt, um die umliegende Bevölkerung und die in Bergen stationierten Wehrmachtssoldaten, die in nur zwei Kilometer Entfernung in Kasernen lebten, nicht zu gefährden.[40] Am 1. Mai 1942 lebten laut Wehrmachtsstatistik noch 2.069 sowjetische Kriegsgefangene im Stalag XI C/311. Die durchschnittliche Belegstärke sollte noch ein Jahr lang bei 3.000 Gefangenen liegen.[41]

*Das Kriegsgefangenenlazarett Bergen-Belsen von 1943-1945*
Im April 1943 wurde das Stalag XI C/311 aufgelöst. Der Hauptgrund war, dass Oswald Pohl, Chef des SS-Wirtschafts-Verwaltungshauptamtes (WVHA) und damit zuständig für die Konzentrationslager, die Abtretung des südlichen Teils des Kriegsgefangenenlagers an die SS erwirkte, um das Aufenthaltslager Bergen-Belsen einrichten zu können. Der nördliche Lagerbereich wurde als Kriegsgefangenenlazarett unter der Bezeichnung »Zweiglager Bergen-Belsen« vom Stalag XI B Fallingbostel übernommen.[42] Diese Aufteilung führte zu der ungewöhnlichen Situation, dass sich Wehrmacht und SS zwei Jahre lang einen Verwaltungsbereich teilten, während ihre Lager nur durch einen doppelten Stacheldrahtzaun voneinander getrennt waren. Die Entlausungseinrichtung, die sowohl die KZ-Häftlinge als auch die Kriegsgefangenen nach Ankunft im Lager zunächst passieren mussten, ist sogar gemeinsam genutzt worden.[43]
Bis Januar 1945 kamen schwer erkrankte oder bei Arbeitseinsätzen verunglückte sowjetische Kriegsgefangene aus dem ganzen Reichsgebiet in das Zweiglager Bergen-Belsen. Dazu kamen ab Sommer 1944 verletzte italienische Militärinternierte und

---

[39] Keller, Behandlung der Kriegsgefangenen, S.4.
[40] Wenck, Menschenhandel, S. 98 f.
[41] Keller, Behandlung der Kriegsgefangenen, S. 4 f.
[42] Wenck, Menschenhandel, S. 100 f.
[43] Keller, Behandlung der Kriegsgefangenen, S. 5.

französische Kriegsgefangene und nach Niederschlagung des Warschauer Aufstandes im Oktober 1944 Mitglieder der »Armia Kraiowa«, der polnischen Heimatarmee. Als am 9. November 1944 zum ersten und einzigen Mal eine Delegation des Internationalen Roten Kreuzes (IRK) das Kriegsgefangenenlazarett betrat, wurde ihr nur der Zugang zu den polnischen Verletzten gewährt, da das Deutsche Reich sowohl den sowjetischen Kriegsgefangenen als auch den italienischen Militärinternierten keine Behandlung gemäß den Genfer Konventionen gestattete.[44]

Im selben Monat kam es zu Verhandlungen zwischen dem WVHA und dem inzwischen von der SS übernommenen Kriegsgefangenenwesen bezüglich einer Übernahme auch des nördlichen Lagerbereiches, welcher ebenfalls in das KZ eingegliedert werden sollte. Am 14. Januar 1945 wurden die letzten Lazarettinsassen samt medizinischer und technischer Einrichtung vom Zweiglager Bergen-Belsen in das Stalag XI B Fallingbostel überführt. Das frei gewordene Gelände diente nun der Unterbringung vieler tausend KZ-Häftlinge, die noch bis zur Befreiung am 15. April 1945 auf langen Todesmärschen nach Bergen-Belsen gelangten.

## 2.2 Das Kriegsgefangenenlager und sein Umfeld: Die Wahrnehmung von »außen« und von »innen«

### 2.2.1 Die Ankunft der Gefangenen

Die Ankunft der sowjetischen Kriegsgefangenen in Bergen-Belsen lässt sich anhand zweier Mitteilungen von der Kommandantur an den Regierungspräsidenten in Hannover ziemlich genau datieren. Im letzten Drittel des Monats Juli 1941 trafen die ersten Transporte auf der sogenannten Verladerampe ein.[45] Errichtet wurde die Rampe im Zuge von Baumaßnahmen auf dem Truppenübungsplatz, als die dort entstehende Kasernenanlage mit dem Bahnhof Bergen durch eine Gleisstrecke verbunden wurde. Versorgungsgüter sollten dadurch auf dem Schienenweg möglichst nah an die Kasernen herangeführt werden können. Die Rampe liegt bis heute einige hundert Meter südlich vom Ort Bergen entfernt.

Der 5 Kilometer lange Weg von der Rampe ins Kriegsgefangenen- und später ins Konzentrationslager führte auf der Belsener Straße durch den kleinen Ort Belsen, in dem damals ca. 200 Menschen lebten. Wo die Belsener Straße, die bis heute einen öf-

---

[44] Wenck, Menschenhandel, S. 101.

[45] Keller, Forschungsbericht, S. 27.

fentlichen Verbindungsweg zwischen den Orten Bergen und Belsen darstellt, die Gleise kreuzt, führt eine Brücke in Sichtweite zur Rampe über die Schienen. Die meisten Kriegsgefangenen, die in das Lager Bergen-Belsen kamen oder es zum Weitertransport verließen, haben diesen Weg genommen.

Die sowjetischen Kriegsgefangenen, die im Sommer 1941 auf der Verladerampe ankamen, waren in der Regel mehrere Tage oder Wochen unterwegs gewesen. Schon erschöpft und ausgezehrt von den langen Kesselschlachten in ihrer Heimat, sorgten die katastrophalen Bedingungen in den überwiegend aus Viehwaggons zusammengestellten Transportzügen dafür, dass viele Gefangene bei ihrer Ankunft bereits tot waren. Die Überlebenden, die zunächst die Leichen aus den Waggons holen und oft gleich in der Nähe der Rampe verscharren mussten, liefen dann die 5 Kilometer ins Lager zu Fuß. Der 1931 geborene Günther P., der damals mit seinen Eltern auf dem Truppenübungsplatz lebte, beobachtete eine Ankunft an der Rampe:

> Es herrschte ja tatsächlich im Volk wohl vor, das waren eben Untermenschen. Die Propaganda hatte da ganz gut vorgearbeitet. Ich als junger Mensch, wenn ich die so kommen sehen habe damals. Wenn Sie dieses Elend, diese Leute gesehen hätten. Die vermittelten einem dann auch den Eindruck. Wenn Sie das gesehen hätten, wie die auf der Verladerampe da ankamen, da mußten sie ja viele tot schon aus den Waggons, den Viehwagen herausholen, das waren ja keine Personenzüge, das waren ja alles Viehwagen. Sie können das ja sehen, Sie kennen die Gegend, sie brauchten bloß mit dem Fahrrad hinfahren und da runtergucken. Das ist ja alles relativ übersichtlich. Zuerst haben die sich ja wohl die Mühe gemacht und haben die bei Nacht gebracht, aber das lief ja dann auch nicht mehr. Wenn Sie das gesehen hätten, wie diese Waggons da angekommen sind, das kann man nicht vergessen.[46]

Günther P. macht im Interview deutlich, dass die Transporte in der Nacht ankamen. Tatsächlich kamen sie in der Regel tagsüber an, wobei von der Wehrmacht keine besonderen Abschirmmaßnahmen getroffen wurden. Es gibt weitere Belege dafür, dass es ohne große Schwierigkeiten möglich war, die Kriegsgefangenen gerade im Bereich der Rampe zu beobachten. Der damals vierzehnjährige Hermann Gralher berichtet:

> Ja...da hatte ich nämlich dieses Erlebnis Ende Oktober 1941. [...] Ich bin mit dem Rad losgefahren nach Belsen, und wie ich oben auf der Brücke an der Rampe...aber ich hörte schon Schüsse...es fielen Schüsse. [...] Ich weiß nur, wie die vor mir waren, da hat einer unter seiner Jacke eine Steckrübe gehabt. Und hat daran rumgeschnippelt, und das hat ein Unteroffizier...ich wußte ja was ein Unter-

---

[46] Interview mit Günther P. und seiner Mutter (12. Juni 1991, Gedenkstätte Bergen-Belsen). Zitiert nach: Keller, Forschungsbericht, S. 28.

offizier war, das konnte man ja an den Litzen sehen. Der hat mit einer Lederpeitsche diesen russischen Soldaten ins Gesicht geschlagen, und dann fiel die Steckrübe weg. Und die Steckrübe ist an der Böschung entlanggerollt und da war ein Graben, da ist die Steckrübe reingefallen, und der erste Russe sieht das und läuft hin. Und dieser Unteroffizier hat den Russen getreten...der Russe ist runter und dann hat er sich mit dem Fuß in den Nacken gestellt und hat ihn runtergedrückt. Ja...bis er erstickt war. Da mußten die anderen...zwei Russen hin und mußten ihn holen.[47]

Aus Angst vor einer Gefängnisstrafe verbot Frau Gralher ihrem Sohn, von dem Erlebnis irgendjemanden etwas zu erzählen. Dass Anwohner, die in unmittelbarer Nähe des Kriegsgefangenlagers Bergen-Belsen wohnten, die Transporte, zumal am helllichten Tage, beobachten konnten, ist keine Spezifität. Auch für die Kriegsgefangenenlager in Wietzendorf und Oerbke gibt es einige dokumentierte Augenzeugenberichte. Es sind auch Fälle bekannt, in denen trotz ausdrücklichen Verbots den notleidenden Gefangenen geholfen wurde. Frau L., die an der Wegstrecke ins Lager Fallingbostel-Oerbke wohnte, stellte mit einigen anderen Bewohnern Eimer mit Wasser und Milch an die Straße, da Gefangene mit Zeichen deutlich machten, dass sie Durst hatten: »...und dann sind wir hingegangen. Da hat uns keiner was gesagt, die Posten haben dann darüber weggeguckt...«[48] Ein ehemaliger Angehöriger des Stalag Wietzendorf berichtet von einer Kolonne sowjetischer Kriegsgefangener, die sich unter größten Strapazen vom Bahnhof ins Lager quälte. Versuchten die Gefangenen an Feldfrüchte heranzukommen, wurden sie vom Wachpersonal mit Kolbenstößen und Warnschüssen bedacht. Auch »vereinzelt am Straßenrand stehende Zivilisten wurden am Verteilen von Brot und Getränken durch die Begleitposten gehindert. Es gab aber auch Wachmänner, die das Verhalten ihrer Kameraden mißbilligten.«[49] Insgesamt ist festzuhalten, daß die Transporte der sowjetischen Kriegsgefangenen in aller Öffentlichkeit stattfanden.

Alfred Rosenberg, Reichsminister für die besetzten Ostgebiete, konstatierte, dass es der Zivilbevölkerung nicht nur verboten war, den Kriegsgefangenen auf dem Marsch ins Lager Verpflegung zu reichen. Vielmehr sorgte er sich um die Stimmung unter der Bevölkerung, da Gefangene, die vor Erschöpfung nicht mehr weitergehen konn-

---

[47] Gespräch mit Herrn Gralher, 13. März 1998. Zitiert nach: Dettmar, S. 28.
[48] Interview mit Frau L. (6. Januar 1988, Gedenkstätte Bergen-Belsen). Zitiert nach: Keller, Scharen, S. 40.
[49] Schreiben von Anton Scholze an Rolf Keller (29. Juni 1990, Gedenkstätte Bergen-Belsen). Zitiert nach: Keller, Scharen, S. 47.

ten, vor den Augen der Zivilisten einfach erschossen und am Wegesrand liegen gelassen wurden.[50]

Ende 1941 reagierte die Propagandaleitung in Berlin, um der deutschen Bevölkerung mit Nachdruck klar zu machen, dass es sich bei den sowjetischen Kriegsgefangenen nicht um Menschen handele, denen man mit Achtung und Respekt entgegen treten muss. Der damals dreizehnjährige Günther P. aus Bergen sprach bereits die Propaganda der Nationalsozialisten in Bezug auf die als »Untermenschen« deklarierten sowjetischen Kriegsgefangenen an. In Zeitungen, in deren Wirkungsbereich sich sowjetische Kriegsgefangenenlager befanden, wurde eine Artikelserie mit dem Namen »Das Neueste von Herrn Bramsig und Frau Knöterich« gestartet, die dem Mitleid und der Hilfsbereitschaft der Bevölkerung entgegentreten sollte. Im Bereich der Kriegsgefangenlager Bergen-Belsen, Wietzendorf und Oerbke veröffentlichte u.a. die Böhme-Zeitung aus Soltau diese Serie. Die imaginären Frau Knöterich und Herr Bramsig, in den Artikeln stets als naive »Volksgenossen« dargestellt, äußerten sich zu aktuellen politischen Ereignissen und wurden dann von einem Schriftleiter gegebenenfalls ideologisch belehrt. In einem Artikel über die Ankunft sowjetischer Kriegsgefangener sprach Frau Knöterich den ausgemergelten Gestalten zunächst ihr Mitleid aus. Der Schriftleiter antwortete ihr, dass man den gefangenen russischen Bestien genauso wenig Nächstenliebe entgegen zu bringen habe wie einem wüsten Massenmörder, der in der Region sein Unwesen trieb. Wer trotzdem Mitleid mit den sowjetischen Kriegsgefangenen habe oder ihnen sogar helfen wolle, so der Schriftleiter, stelle sich außerhalb der »Volksgemeinschaft«.[51]

### 2.2.2 Die Versorgung des Lagers

Die Versorgung der einzelnen Kriegsgefangenenlager im Reichsgebiet erfolgte nach den Richtlinien des OKW. Das galt auch für das Stalag XI C 311/Bergen-Belsen. Alle Kriegsgefangenen wurden zunächst von der Lagerverwaltung registriert und die Angaben an den Kommandeur der Kriegsgefangenen weitergeleitet. Diese Registrierung war nötig, um eine Planungsgrundlage für den bevorstehenden Arbeitseinsatz zu schaffen, aber auch um die Lebensmittelzuteilungen entsprechend berechnen zu können.[52] Die Versorgung war gerade in den ersten Monaten in Bergen-Belsen überaus

---

[50] Keller, Russenlager, S. 118.
[51] Keller, Scharen, S. 41 f. Der Artikel über die Kriegsgefangenen ist am 4. Januar 1942 in der Böhme-Zeitung erschienen.
[52] Keller/Otto, S. 157.

schlecht. Erst als Adolf Hitler am 31.Oktober 1941 den Großeinsatz der sowjetischen Kriegsgefangenen in Landwirtschaft und Industrie befahl, wurde die Verpflegung etwas besser und der Bau von Baracken begann.

Es ist bisher nicht gelungen, genau zu ermitteln, wer das Stalag XI C/311 mit Baumaterial und Verpflegung belieferte.[53] Im Stadtarchiv Celle fand sich lediglich ein Hinweis auf eine Lebensmittellieferung: Ein Rossschlachtermeister aus Celle erhielt einen am 18. Dezember 1941 abgesandten Runderlass des Oberpräsidenten bezüglich einer Belieferung der Kriegsgefangenen- und Internierungslager im Raum Celle mit Pferdefleisch- und wurst. Genaue Angaben über Umfang und Zeitraum der Belieferung fehlen ebenso wie ein Hinweis, um welche Lager es sich im einzelnen handelt.[54] Es gibt dessen ungeachtet einige Angaben über die kargen Essensrationen im Kriegsgefangenenlager Bergen-Belsen. Tamurbek Dawletschin, der im Dezember 1941 als Kriegsgefangener ins Stalag XI C/311 kam, berichtet ausführlich über die Verpflegung und die Art und Weise der Ausgabe. Die »Hauptmahlzeit« bestand aus einem Teller Rübensuppe; ansonsten gab es Brot, hin und wieder wurden in geringen Mengen Zucker, Salz, Kunsthonig oder einige Scheiben Wurst verteilt. Dawletschin beobachtete, wie die Rüben in großen Lastwagen mit Anhängern ins Lager geliefert wurden.[55] Der in Celle lebende Ingenieur Karl Dürkefälden notierte im August 1941 in sein Tagebuch, dass »die Russen hier in der Heide (Belsen, Fallingbostel usw.) pro zehn Mann ein Brot und etwas Marmelade bekommen.«[56] Dürkefälden erhielt diese Information von einem Wachsoldaten des Kriegsgefangenenlagers Bergen-Belsen. Als die Ehefrau von Dürkefälden den Wachsoldaten Burkhard E. einmal fragte, ob man den Gefangenen nicht mehr zu essen geben könne, um das Massensterben zu verhindern, erwiderte dieser, dass es dann für sie selber nicht mehr reichen würde.[57]

---

[53] Informationen über Belieferungen an Kriegsgefangenenlager fehlen u.a. auch bei Hüser/Otto (Stalag Senne) u. Borgsen/Volland (Stalag Sandbostel).

[54] StA Celle, Fach 25 Q 27: Belieferung der Wehrmacht und Gemeinschaftslager mit Lebensmitteln 1941-1950.

[55] Keller, Forschungsbericht, S. 34 ff.

[56] Obenaus, Schreiben, S. 103.

[57] Obenaus, Schreiben, S. 107. Die Tagebuchaufzeichnungen des 1902 in Peine geborenen Dürkefälden belegen eindrucksvoll, wie man in den Jahren 1933-1945 durch sorgfältige Alltagsbeobachtungen die Verbrechen der Nazis wahrnehmen konnte. Dürkefälden hatte nicht nur Kenntnisse über die Situation der sowjetischen Kriegsgefangenen gesammelt, sondern wusste auch, allerdings bedingt durch das verbotene Hören alliierter Nachrichtensender, über die Vernichtung der europäischen Juden Bescheid. Obenaus, nichts gewußt, S. 26-31.

Die Versorgungsgüter für das Lager trafen wie die Gefangenentransporte an der Verladerampe ein. Nach Hitlers Weisung vom 31. Oktober 1941 dauerte es noch bis Ende November, ehe sich das OKW entschied, den einzelnen »Russenlagern« jeweils 20 Baracken zur Verfügung zu stellen.[58] Die standardisierten Baracken kamen bereits vorgefertigt in Bergen-Belsen an. Einige Augenzeugenberichte bestätigen, dass sie dort von sowjetischen Kriegsgefangenen abgeholt worden sind. Hermann Gralher erzählte in einem Interview mit dem NDR, wie er öfter zur Rampe fuhr und Kriegsgefangene beim Beladen beobachtete:

Und da war ein Landesschütze dabei und da sind wir öfters hingewesen und haben denen auch etwas gegeben. Dann hat sich der Landesschütze mit uns unterhalten und sagte eben, ja, die Verpflegung würde nicht reichen. Das wären schon arme Schweine. Im Herbst mußte ich zur Standortverwaltung, um eine Bescheinigung zu holen. Als ich mit dem Fahrrad hier über die Brücke fuhr, habe ich Schüsse gehört. Und so neugierig wie man damals gewesen ist, bin ich stehengeblieben und dann sah ich, daß russische Kriegsgefangene Barackenteile, vor allem Binder, auf den Schultern Richtung Belsen geschleppt haben.[59]

Auch ein Schmied und Landwirt, der an der Straße von Bergen nach Belsen wohnte, sah und hörte, wie Kriegsgefangene die vorgefertigten Baracken ins Lager transportierten. Er nutzte ebenfalls den Barackentransport, um mehr über die Zustände im Lager zu erfahren:

...die Wachmannschaften, die dabei waren, zum Teil war das alter Landsturm, die haben das dann erzählt, daß die,...die haben das letzte Gras aus dem Lager haben die aufgegessen, ausgerupft, die haben Dachpappe gegessen, bloß um was zu kauen, so verhungert waren die.[60]

---

[58] Streit, S. 173.

[59] Interview mit Hermann Gralher (21. April 1985, Gedenkstätte Bergen-Belsen). Die Landesschützen waren für die Bewachung der Kriegsgefangenen sowohl im Lager als auch bei den Arbeitskommandos verantwortlich. Es handelte sich in der Regel um Männer, die aufgrund ihres Alters oder Gesundheitszustandes nicht mehr frontverwendungsfähig waren und häufig aus der unmittelbaren Umgebung der Lager stammten. Einige Landesschützen sind für eine wichtige Quellenüberlieferung verantwortlich. Sie haben Fotos von sowjetischen Kriegsgefangenen gemacht und damit der Nachwelt ein Zeugnis der schrecklichen Lebensumstände in den Lagern überliefert. Die Fotos haben sie dann mit zum Teil menschenverachtenden Titeln versehen. Die Aufnahmen liegen im Archiv der Gedenkstätte Bergen-Belsen. Rolf Keller hat den Wachdienst der Landesschützen in den Lagern Bergen-Belsen, Fallingbostel-Oerbke und Wietzendorf eingehender untersucht. Keller, Scharen, S. 44-51.

[60] Günter Heins/Rolf Schmidt, Annäherungen – Eine Reise nach Bergen-Belsen. Dreizehnseitiges Manuskript einer Radiosendung (ca. 1985, Gedenkstätte Bergen-Belsen).

Laut Aussage von Günther P. trugen vier bis sechs Kriegsgefangene die schweren Barackenteile auf der Schulter von der Verladerampe bis ins Lager. An den Füßen zum Teil nur mit Holzschuhen oder Fußlappen bekleidet.[61]

### 2.2.3 Der Arbeitseinsatz der Gefangenen

Die Versorgung des Lagers und der Arbeitseinsatz der Kriegsgefangenen waren eng mit einander verbunden. Wenn auch für die Lieferung von Lebensmitteln keine Unterlagen vorliegen, ist am Beispiel der Barackenteile zu erkennen, dass die Gefangenen am Transport der angelieferten Waren von der Verladerampe ins Lager beteiligt waren. Aufgebaut wurden die Baracken von deutschen Arbeitern aus dem Heeresneubauamt und von Angehörigen des »Sowjetischen Kriegsgefangenen-Bau- und Arbeitsbataillons 111«. Die deutschen Arbeiter, meistens waren es Maurerpoliere, erstellten Zementfußböden für einige der Baracken. Da kein Material für Bettgestelle zur Verfügung gestellt wurde, schliefen die Gefangenen auf dem blanken Fußboden. Zum Schutz vor Kälte und Nässe griffen sie auf Strohsäcke und Decken zurück.[62]
Das »Sowjetische Kriegsgefangenen-Bau- und Arbeitsbataillon 111« erreichte aufgrund der schlechten Lebensbedingungen in Bergen-Belsen nie seine Sollstärke von 1.800 Mann. Es war nur bedingt einsatzfähig und wurde im Frühjahr 1942, nach dem großen Massensterben, aufgelöst.[63] Die Bau- und Arbeitsbataillone waren eine Möglichkeit, die sowjetischen Kriegsgefangenen in den Arbeitseinsatz zu überführen. Der Großteil der Kriegsgefangenen wurde aber auf einem anderen Weg erfasst und rekrutiert. Es soll im folgenden kurz skizziert werden, wie hier der Arbeitseinsatz generell und in Bezug auf das Stalag XI C/311 organisiert und umgesetzt wurde.
Als im Juli 1941 die ersten sowjetischen Kriegsgefangenen nach Deutschland kamen, war den nationalsozialistischen Machthabern keineswegs klar, auf welche Art und Weise ein Arbeitseinsatz der Gefangenen organisiert werden sollte. Am 4. Juli nahmen an einer Besprechung im Wirtschafts- und Rüstungsamt diesbezüglich Vertreter

---

[61] Interview mit Günther P. (12. Juni 1991, Gedenkstätte Bergen-Belsen). Zitiert nach: Keller, Forschungsbericht, S. 59 f.

[62] Keller, Forschungsbericht, S. 33.

[63] Laut Befehl des Chefs der Heeresrüstung und Befehlshaber des Ersatzheeres sind am 1. Oktober 1941 zwei Bau- und Arbeitsbataillone für den Wehrkreis XI aufgestellt worden. Sie waren eigenständige Einrichtungen und den Stalags verwaltungstechnisch nicht unterstellt. Aufgrund fehlender Arbeitskräfte sind sie in erster Linie auf wehrmachtseigenem Gebiet zum Einsatz gekommen. Keller, Forschungsbericht, S. 60.

des Reichsarbeitsministeriums, der Vierjahresplanbehörde, des Reichsverwaltungsministeriums, der Dienststelle Rosenberg, späteres Reichsministerium für die besetzten Ostgebiete und des Allgemeinen Wehrmachtsamtes/Abteilung Kriegsgefangenenwesen teil. Das OKW erarbeitete anschließend »Richtlinien für den Einsatz russischer Kriegsgefangener«, die den Einsatzbereich grob umrissen und Sicherheitsbestimmungen enthielten. Diese strengen Sicherheitsauflagen, die die nationalsozialistische Führung aufgrund ihrer Sorge vor einem ungehinderten Kontakt der sowjetischen Kriegsgefangenen mit der deutschen Bevölkerung erließ, sorgten neben dem schlechten Gesundheitszustand der Gefangenen dafür, dass der Arbeitseinsatz in der deutschen Wirtschaft vorerst nur eingeschränkt möglich war.[64] Nach Hitlers Befehl zum Großeinsatz der sowjetischen Kriegsgefangenen erstellte Hermann Görings Vierjahresplanbehörde eine Prioritätenliste für die Einsatzbereiche der Gefangenen: Bergbau, Bahnunterhaltung, Rüstung, Landwirtschaft, Bauwirtschaft, Großwerkstätten und Sonderkommandos für dringende Gelegenheits- und Notstandsarbeiten. Die Sicherheitsauflagen, z.B. der Einsatz in isolierten Arbeitskommandos unter strenger Bewachung, galten weiterhin.[65]

Die Arbeitsämter erhielten nun vom Reichsarbeitsministerium die Weisung, in den Kriegsgefangenenlagern nach geeigneten Arbeitskräften Ausschau zu halten. Im Wehrkreis XI waren die Stalags den zwei Landesarbeitsämtern (LAA) Niedersachsen und Mitteldeutschland zugeordnet. Das Kriegsgefangenenlager Bergen-Belsen kam in den Einflussbereich des LAA Mitteldeutschland mit Sitz in Erfurt. Waren Kriegsgefangene für einen Arbeitseinsatz vorgesehen, nahm das zuständige regionale Arbeitsamt Kontakt mit der Lagerverwaltung auf. Gemeinsam wurden dann alle für den Einsatz wichtigen Fragen geregelt, z.B. der Transport an die Arbeitsstelle und die Unterbringung der Gefangenen. Die Zuordnung zum LAA Erfurt sorgte dafür, dass bis zum Beginn der Fleckfieberepidemie im November 1941 im Raum Bergen/Celle nur wenige Kriegsgefangene aus dem Stalag XI C/311 eingesetzt waren. Amtliche Schreiben aus dieser Region beziehen sich daher meist auf Arbeitskommandos sowjetischer Kriegsgefangener, die aus den Lagern Wietzendorf und Fallingbostel-Oerbke stammen. In der Regel wird in diesen Dokumenten auf den als notwendig er-

---

[64] Ebd., S. 46 f.
[65] Ebd., S. 48.

achteten Einsatz in den landwirtschaftlichen Betrieben hingewiesen, aber auch immer wieder der katastrophale Gesundheitszustand der Gefangenen angesprochen.[66]
Als im Februar/März 1942 die Fleckfieberepidemie überwunden war, kamen die in Arbeitskommandos zusammengefassten Russen bis zur Auflösung des Kriegsgefangenenlagers unter gelockerten Sicherheitsbestimmungen auch in der Region Bergen zum Einsatz. Eine Übersicht der Abteilung Kriegsgefangenenwesen des OKW zeigt, dass das Stalag XI C/311 Bergen-Belsen für diesen Zeitraum nur noch einige hundert Gefangene zum Arbeitseinsatz abstellte.[67] Sie arbeiteten entweder direkt im Kriegsgefangenenlager als Verwaltungs- oder Sanitätskräfte für die auf dem Truppenübungsplatz stationierte Wehrmacht oder bei Bauern aus den umliegenden Ortschaften. Die Arbeitseinsätze in diesen drei Bereichen wurden direkt von der Lagerverwaltung abgewickelt.[68]
Trotz der dürftigen Quellenüberlieferung kann nachweislich festgehalten werden, dass im Lager selbst einige deutsche Arbeiter tätig waren. Neben den bereits erwähnten Maurerpolieren war auch ein Elektriker im Stalag XI C/311 bis Dezember 1941 beschäftigt. Er beobachtete, wie verstorbene Kriegsgefangene aufgrund des zugefrorenen Bodens nicht mehr beerdigt werden konnten. Stattdessen, so der Elektriker, wurden die nackten Leichen aufgestapelt und mit Chlor überschüttet. Ihre Beerdigung in Massengräbern sollte dann im Frühjahr auf einem etwas abseits gelegenen Friedhof stattfinden.[69] Auch für das Kriegsgefangenenlager Wietzendorf ist die Beschäftigung eines Elektrikers überliefert. Friedrich Behrens kam im Sommer 1941 als Lehrling ins Lager, um die zum Fronteinsatz eingezogenen Gesellen zu ersetzen. Russische Gefangene, die vor dem Krieg als Elektriker tätig waren, wurden ihm als Arbeitskommando unterstellt. Behrens konnte sich im Lager frei bewegen und

---

[66] KrA Celle, Fach 122-O, L 45: Lageberichte (Reichsverteidigung) 1941. Bericht über den Einsatz Kriegsgefangener des Arbeitsamtes Celle vom 30.10. 1941 u. Schreiben des Kreisbauernführes an den Landrat in Celle vom 29.10. 1941. Bericht der Kreisleitung Süderdithmarschen, in: Keller, Scharen, S. 40 f. u. der Landrat des Kreises Diepholz an den Oberpräsidenten in Hannover in einem Schreiben vom September 1941, in: Keller, Russenlager, S. 119.
[67] Keller, Forschungsbericht, S. 56 f.
[68] Ebd., S. 52-57.
[69] Keller, Forschungsbericht, S. 77 f. Der Friedhof für die sowjetischen Kriegsgefangenen wurde etwa 1,5 Kilometer vom eigentlichen Lager entfernt angelegt. Er ist heute durch einen kleinen Weg mit der Gedenkstätte Bergen-Belsen verbunden.

machte heimlich Fotoaufnahmen, z.B. von den selbstgebauten Erdhöhlen der Gefangenen.[70]

Ca. 300 Kriegsgefangene aus Bergen-Belsen arbeiteten im benachbarten Truppenlager der deutschen Wehrmacht. Allein 200 von ihnen waren in einer Kleiderkammer beschäftigt. Das »Bekleidungswesen für die Gefangenen« unterstand dem Zahlmeister Kurt G. Die Kriegsgefangenen wurden aber auch zu eher ungewöhnlichen Tätigkeiten herangezogen. Der Prähistoriker Dr. Hans Piesker machte seit 1935 Ausgrabungen auf dem Truppenübunsplatz, um bronzezeitliche Gräber vor möglichen Schäden zu bewahren. Piesker, der nach eigenen Aussagen mit Hilfe deutscher Arbeiter insgesamt 100 Grabstellen freilegte, wurde nach Errichtung des Kriegsgefangenenlagers Adjudant im Landesschützenbataillon 711. Als die Angehörigen seines Arbeitstrupps aufgrund des Krieges nach und nach eingezogen wurden, stellte man dem Vorgeschichtler Kriegsgefangene aus dem Lager Bergen-Belsen zur Verfügung.[71] Die anderen zum Arbeitseinsatz herangezogenen Gefangenen hatten in der Regel landwirtschaftliche Aufgaben auf dem Gebiet des Truppenübungsplatzes wahrzunehmen oder mussten in Baukommandos schwere körperliche Arbeit leisten.[72] Werner Voss, damals ebenfalls Adjudant im Landesschützenbataiollon 711, sah mit eigenen Augen, welche Folgen die Arbeitseinsätze haben konnten:

Eines der traurigsten Kapitel von Bergen-Belsen ist das Schicksal der ersten kriegsgefangenen Russen im Russenlager. Da starben zehn und mehr an einem Tag, 20 000 waren da sie haben sich Erdhütten bauen müssen. [...] Mir sind oft Wagen mit 5-10 toten Russen begegnet, die bei der Arbeit umgefallen waren. Sie mussten Wege bauen, Feldgleise legen, Baracken bauen. [...][73]

Etwa zwei- bis dreihundert Kriegsgefangene arbeiteten bei Bauern in der Umgebung. Als Anfang April 1942 die Sicherheitsbestimmungen über die Kolonnenarbeit in der Landwirtschaft gelockert wurden, entstanden in einigen Dörfern Gemeinschaftsunterkünfte für sowjetische Kriegsgefangene. Es konnten nun bei Bedarf Kriegsgefan-

---

[70] Friedrich Behrens, Bergen-Belsen. Erinnerungen an eine Zeit vor 57 Jahren, notiert 1998 in Bremen (Gedenkstätte Bergen-Belsen). Die Fotos werden zur Zeit von Rolf Keller ausgewertet.
[71] KrA Celle, Sammlung Hanna Fueß (SHF), Hermannsburg 299/25: Dr. Hans Piesker, Hofbesitzer, Prähistoriker, 18. Mai 1949.
[72] Bericht von Dr. Oberheide, März 1966, Aussage von Kurt G., 26. Juli 1966 und Aussage von Leberecht O., 24. Februar 1966. Leberecht O. war Landwirtschaftsrat bei der Kommandantur des Truppenübungsplatzes, in: Keller, Forschungsbericht, S. 81.
[73] SHF, Winsen 299/15: Verwaltungsrat Dr. jur. Werner Voss, 24. März 1949.

gene auch einzeln an Bauern abgegeben werden.[74] Hermann v.d. Kammer berichtet in einer Ortschronik, wie russische Kriegsgefangene morgens mit LKW aus dem Lager Bergen-Belsen zur Arbeit nach Wardböhmen abgeholt wurden. Abends erfolgte dann der Rücktransport.[75] Anscheinend war das kein ungewöhnlicher Vorgang; Heinrich Brockmann, ehemaliger Bürgermeister des Nachbarortes Walle, erinnert sich:

> Das Gefangenenlager lag auf dem Südzipfel. Da waren alle Nationen, vorwiegend Russen. Zuerst gingen die nicht auf Arbeit. Nachher konnte man sich welche holen. Sie kamen gern und waren gut in der Arbeit. Sie waren ausgehungert, das ist leicht zu erklären, wenn auf einmal 40 000 Mann kommen, kann man sie nicht richtig verpflegen. Wir mussten die Gefangenen selbst hin und her bringen. Mussten auf der Kommandantur eine Kleinigkeit dafür bezahlen.[76]

## 2.2.4 Fluchtversuche

Fluchtversuche von sowjetischen Kriegsgefangenen kamen ab Juli 1941 im gesamten Reichsgebiet in großer Zahl vor. Das OKW war durch diesen Umstand äußerst beunruhigt und erließ am 22. September 1942 einen geheimen Erlass bezüglich der Fluchtversuche. Dieser Erlass besagte unter anderem, dass auf entflohene russische Kriegsgefangene ohne Vorwarnung geschossen werden durfte. Im OKW-Bereich einschließlich der besetzten Ostgebiete sind im Zeitraum vom 22. Juni 1941 bis zum 31. August 1942 insgesamt 35.886 Fluchten erfolgreich verlaufen. Der Großteil der geglückten Fluchtversuche gelang den Gefangenen aber nicht in Deutschland, sondern in den besetzten Ostgebieten.[77]

Für den Raum Bergen-Belsen können keine genauen statistischen Angaben gemacht werden. Aber auch hier spielten gerade die Fluchtversuche der sowjetischen Kriegsgefangenen eine erhebliche Rolle. Gleich nach Ankunft der ersten Transporte im Juli 1941 erhielt der Regierungspräsident in Hannover ein Schreiben der Kommandantur des Stalag Bergen-Belsen:

> Die ersten russischen Kriegsgefangenen sind in Bergen-Belsen eingetroffen. Die Mehrzahl dieser Gefangenen sind Bolschewisten. Sie werden versuchen zu entfliehen und nach geglückter Flucht nicht vor Gewalttaten zurückschrecken, um sich Zivilkleidung zu beschaffen und um Sabotage aus-

---

[74] Keller, Forschungsbericht, S. 80.
[75] Kammer, S. 495.
[76] SHF, Walle 299/20: Bürgermeister Heinrich Brockmann, o.J. Das Stereotyp, dass es den »eigenen« Russen auf dem Hof gut ging und gefiel, wiederholt sich in den meisten Berichten der Dorfbewohner.
[77] Hüser/Otto, S. 136.

zuführen (Vernichtung der Ernte durch Brandstiftung). Aus diesen Gründen muß jeder Deutsche bemüht sein, mit allen Kräften zur Wiederergreifung der Geflüchteten beizutragen, ehe es überhaupt zur Sabotage kommt.[78]

Die Kommandantur bat den Regierungspräsidenten, dieses Schreiben umgehend zu veröffentlichen. Grund war die Aussage eines wiederergriffenen Kriegsgefangenen, der angab, von einem deutschen Zivilisten auf der Flucht verpflegt worden zu sein. Überhaupt sind die Zeitungen der Region Bergen sehr umfassend auf dieses Thema eingegangen.[79] Der deutschen Bevölkerung sollte unmißverständlich klar gemacht werden, dass die Unterstützung entflohener Gefangener strafbar war. Außerdem sollten die Deutschen mit finanziellen Anreizen dazu bewegt werden, die verantwortlichen Stellen bei der Wiederergreifung entflohener Gefangener zu unterstützen. Ein Erlass des Reichsführers SS und Chefs der deutschen Polizei vom 27. Februar 1943 betonte ausdrücklich, dass eine Belohnung nicht nur bei persönlicher Festnahme, »sondern allgemein für die Mitwirkung an der Ergreifung von Kriegsgefangenen oder sonst gesuchten Personen bewilligt werden kann.«[80] Als im November 1941 ein deutsches Ehepaar von geflohenen sowjetischen Kriegsgefangenen umgebracht worden war, wurde über den Vorfall ausführlich in der Presse berichtet.[81] Auch Landrat Heinichen ging in seinem Lagebericht an den Regierungspräsidenten auf diesen Fall ein:

Nur ist durch das Entweichen von Russen aus den Lagern Belsen und Wietzendorf, insbesondere durch den Mord an dem Bahnwärterehepaar im Kreise Soltau, aber auch durch das Herumtreiben einzelner Russen und von diesen begangenen Diebstähle eine gewisse Beunruhigung entstanden, die sogar in einem Falle zur Begründung eines Uk.-Antrages verwandt wurde. Meinen Bericht über den Vorfall, bei dem der Bauer Brammer auf Severloh 2 Russen erschoß, füge ich noch einmal in Abschrift an.[82]

---

[78] Zitiert nach: Keller, Scharen, S. 42.

[79] Keller nennt als Beispiel erneut die Böhme-Zeitung aus Soltau, ebd.

[80] StA Celle, Fach 25 Q 93: Belohnungen für Zivilpersonen bei Ergreifung Kriegsgefangener und sonstiger gesuchter Personen. Die Belohnung konnte in Höhe bis zu 100 Reichsmark für jede ergriffene Person gewährt werden. Über die Auszahlung entschied die zuständige Kriminalpolizeistelle. Einem Stellwerkmeister aus Celle wurden einmal 50 Reichsmark für die Mitwirkung bei einer Ergreifung von der staatlichen Polizeikasse Hannover überwiesen.

[81] Keller, Scharen, S. 42.

[82] KrA Celle, Fach 122-O, L 45: Lageberichte (Reichsverteidigung) 1941. Lagebericht an den Herrn Regierungspräsidenten in Lüneburg, 13. Dezember 1941. »Uk« ist die Abkürzung für unabkömmlich. Wer einen Uk.-Antrag genehmigt bekam, wurde für einen bestimmten Zeitraum nicht zur Front eingezogen und verblieb in der Regel in seinem Heimatort.

Die Situation für entflohene sowjetische Kriegsgefangene war denkbar schlecht. Durch ihr Äußeres gut erkennbar, konnten sie sich in der Regel nur nachts fortbewegen. Aber selbst wenn ihnen die Flucht aus dem Lager gelang, waren sie noch lange nicht in Freiheit. Um nicht zu verhungern und sich anderer, unauffälligerer, Kleidung zu bemächtigen, blieb ihnen keine andere Möglichkeit, als entweder in Kontakt mit der deutschen Bevölkerung zu treten oder Diebstähle zu begehen. Oft mussten sie ihre Entdeckung mit dem Leben bezahlen. Hermann v. d. Kammer berichtet über die Festnahme entflohener Kriegsgefangener aus Bergen-Belsen:

...von dort entwichen oftmals Gefangene, die dann z.T. im Becklinger Holz aufgespürt wurden. Bei der Festnahme von zwei Geflüchteten wurden beide von Hauptwachtmeister Carstensen angeschossen und schwer verletzt. Ein Gefangener verstarb nach wenigen Stunden an den Folgen der Verletzung. Fast alle entwichenen Kriegsgefangenen, die sämtlich gestellt werden konnten, hatten sich bei Einbrüchen mit Lebensmitteln, Bekleidung u.a. versorgt. Die dadurch entstehende Unsicherheit brachte große Unruhe.[83]

Landrat Heinichen berichtete im Juni 1942 seinem Regierungspräsidenten, wie »4 kriegsgefangene Russen, angeblich Kommissare«[84] aus dem Lager Bergen-Belsen ausbrachen. In dem Bericht werden ebenfalls mehrfach begangene Einbrüche und Diebstähle beklagt, die die Bevölkerung beunruhigten. Bei der Festnahme durch Wehrmacht, Gendarmerie und Landwacht wurde ein Kriegsgefangener erschossen, zwei wurden schwer verwundet. Ein vierter war nach Aussage des Landrates weiter flüchtig. Die Fluchtversuche beunruhigten die Bevölkerung besonders, als in den Kriegsgefangenenlagern im November 1941 die besagte Fleckfieberepidemie ausbrach. Viele Bewohner aus der Region hatten von der Epidemie erfahren, u.a. weil keine Arbeitskommandos mehr das Lager verlassen durften und auch die Wachsoldaten unter Quarantäne genommen wurden. Für die Bewachung der Kriegsgefangenen war in Bergen-Belsen ein Landesschützenbataillon zuständig. Da viele Angehörige des Bataillons, sogenannte Landesschützen, aus den umliegenden Ortschaften kamen, gab es während ihrer wochenlangen Quarantäne reichlich Gesprächsstoff in der Region Bergen, erst recht, als den Angehörigen konsequent verweigert wurde, die an Fleckfieber erkrankten Soldaten in einer eigens eingerichteten Isolierstation zu besuchen. Etwa die Hälfte der infizierten Landesschützen verstarb und wurde in aller

---

[83] Kammer, S. 495.
[84] KrA Celle, Fach 122-O, N 32 Nr. 8a/2: Lageberichte (Reichsverteidigung) 1942. Der Landrat des Landkreises Celle an den Herrn Regierungspräsidenten, 12. Juni 1942.

Stille auf einem Friedhof in Bergen begraben; den Angehörigen versuchte man in Beileidsschreiben weiszumachen, dass nicht die Wehrmacht schuld am Tod der Wachsoldaten sei, sondern die russischen Kriegsgefangenen, die die heimtückische Krankheit nach Deutschland eingeschleppt hätten.[85]

### 2.2.5 Tauschhandel, Neugierde und Sensationslust am Lagerzaun

Aus Angst sich anzustecken, kamen zur Zeit der Fleckfieberepidemie kaum Leute aus der Umgebung freiwillig in die Nähe des Kriegsgefangenenlagers Bergen-Belsen. Für die Zeit davor und danach gibt es aber einige Anhaltspunkte für Kontakte. Der damals vierzehnjährige Hermann Gralher fuhr mit einigen Freunden des Öfteren mit dem Fahrrad direkt bis zum Lager. Die Jungen warfen Äpfel »und alles, was damals im Garten wuchs«[86] über den Zaun und wunderten sich, warum sich die Kriegsgefangenen in großer Zahl auf die Lebensmittel stürzten. Ihre Eltern erklärten ihnen dann, dass die Gefangenen hungerten und deshalb so reagierten. Der 1935 geborene Horst Hanse, der von 1938-1945 mit seinen Eltern im Bereich der Wehrmachtskasernen lebte, warf mit seinen Freunden den sowjetischen Kriegsgefangenen nicht nur Lebensmittel zu, sondern tauschte Brot gegen selbstgeschnitztes Spielzeug - mit Wissen ihrer Mütter, wie Hanse betonte.[87] Aber nicht nur Kinder und Jugendliche haben den Weg zum Lager gefunden. Gerade Tauschaktionen mit sowjetischen Kriegsgefangenen, die äußerst geschickt mit primitiven Werkzeugen verschiedene Materialien zu Kunstgegenständen verarbeiteten, sind für Bergen-Belsen, aber auch für andere Lager belegt.[88] Die meisten »Besucher« kamen aber in den unmittelbaren Lagerbereich, weil sie einfach neugierig waren. Friedrich Hemme aus Winsen/Aller berichtet, wie sein Vater und sein Onkel mit Fahrrädern auf dem Weg ins benachbarte Hörsten waren und unterwegs russische Gefangene singen hörten. Sie folgten den Stimmen und stießen nach kurzer Zeit direkt auf das Kriegsgefangenenlager, welches unweit der Belsener Straße in einem Wald lag. Der Onkel, der etwas russisch sprach, nahm Kontakt mit einigen Gefangenen auf. Sie unterhielten sich so lange, bis ein Landes-

---

[85] Keller, Scharen, S. 49 f.
[86] Interview mit Hermann Gralher (21. April 1985, Gedenkstätte Bergen-Belsen).
[87] Interview mit Horst Hanse (Februar 1992, Gedenkstätte Bergen-Belsen).
[88] SHF, Hörsten 296/29: Landwirt Fritz und Marie Schäfer, 14. Juni 1949. Frau Schäfer erhielt einen im Lazarett des Kriegsgefangenenlagers Bergen-Belsen aus Wurzeln geflochtenen Kinderwagen. Weitere Beispiele in Keller, Scharen, S. 51 u. Hüser/Otto, S. 101 f. Sowohl Keller als auch Hüser/Otto weisen darauf hin, daß viele der zumeist gegen Lebensmittel eingetauschten Gegenstände noch heute gerne von den Besitzern gezeigt werden.

schütze die beiden wegschickte.[89] Die Ausmaße, die solche Begegnungen zum Teil annahmen, lassen sich anhand des Kriegsgefangenenlagers Wietzendorf verdeutlichen. Der Kommandant schrieb am 8. September 1941 an den Landrat in Soltau, dass sich gerade an den Wochenenden hunderte von Zivilisten im Bereich seines Lagers aufhielten. Trotz Sperrschilder seien die Leute bis zum Lagerzaun vorgedrungen und hätten Kontakt mit den Gefangenen aufgenommen. Der Bürgermeister von Wietzendorf, ebenfalls um eine Stellungnahme gebeten, versuchte der Angelegenheit etwas Positives abzugewinnen:

> Es kann nichts schaden, wenn sich die Bevölkerung diese Tiere in Menschengestalt ansieht, zum Nachdenken angeregt wird und feststellen kann, was geworden wäre, wenn diese Bestien über Deutschland hergefallen wären.[90]

Die Ausführungen haben gezeigt, dass das Kriegsgefangenenlager nicht nur in sein Umfeld eingebunden war, sondern als Bestandteil des öffentlichen Lebens bezeichnet werden kann. Allein der Arbeitseinsatz der Kriegsgefangenen in der Region Bergen lässt Verbindungen zu Behörden, z.B. den regionalen Arbeitsämtern, oder zu den Bewohnern der umliegenden Ortschaften erkennen. Die Gefangenen arbeiteten nicht nur auf den Feldern der Bauern, sondern wurden teilweise direkt am Lager abgeholt oder, für jeden ersichtlich, in Gemeinschaftsunterkünften außerhalb des Lagers untergebracht. Auch die »Besuche« am Lagerzaun, entweder zum Tauschen oder einfach nur um die Neugier zu befriedigen, machen deutlich, dass das Lager nicht isoliert und unerreichbar für die Bevölkerung außerhalb des eigenen Wahrnehmungshorizonts gelegen hat. Die unterschiedlichen Verhaltensweisen des Wachpersonals und der Bevölkerung lassen zudem Handlungsspielräume erkennen, die zeigen, dass »nicht alles unausweichlich so geschehen mußte, wie es geschah...«[91]

---

[89] Interview mit Friedrich Hemme (21. Januar 1991, Gedenkstätte Bergen-Belsen).
[90] Fragmente der Landratsakten aus dem Kreisarchiv Soltau-Fallingbostel. Zitiert nach: Keller, Russenlager, S. 115.
[91] Kaienburg, »... sie nächtelang nicht ruhig schlafen liess«, S. 37.

## 3. Das Konzentrationslager 1943-1945
### 3.1 Entstehung und Entwicklung

Spätestens nach dem Angriff der deutschen Wehrmacht auf die Sowjetunion am 22. Juni 1941 und den dort beginnenden massenhaften Mordaktionen der mobilen Einsatzgruppen der Sicherheitspolizei und des Sicherheitsdienstes an den Juden wurde deutlich, wie sich die nationalsozialistische Führung die »Endlösung der Judenfrage« vorstellte. Die im großen Stil angelegte Verhaftung, Deportation und Ermordung aller im deutschen Herrschaftsbereich lebenden Juden erfuhr meist nur eine Einschränkung, wenn die deutschen Einsatzkräfte bei ihren »Säuberungsaktionen« auf Juden stießen, die man eventuell noch für »Austauschzwecke« verwenden konnte. In den Blickpunkt des Interesses rückten Juden, die verwandtschaftliche Beziehungen zu den westlichen Feindstaaten hatten, Repräsentanten wichtiger jüdischer Institutionen waren oder als Doppelstaatsbürger den Pass eines befeindeten oder neutralen Landes besaßen. Ziel war es, Angehörige dieser Personengruppe gegen im Ausland inhaftierte Deutsche auszutauschen oder als Gegenleistung für ihre Freilassung wichtige Produktionsgüter oder Geldbeträge zu erhalten.[92]

Das RSHA der SS erarbeitete schließlich eine Weisung, wie mit Juden, die das Austauschprofil erfüllten, zu verfahren sei. Bestandteil dieser Weisung war ein Erlass des Auswärtigen Amtes (AA) vom 20. Februar 1943, in dem die Internierung von 30.000 Juden für Austauschzwecke vorgeschlagen wurde.[93] Sowohl die SS als auch das AA waren daran interessiert, an den unter Umständen lukrativen Austauschgeschäften zu partizipieren. Heinrich Himmler, der Reichsführer SS und Chef der deutschen Polizei, der sich zuvor schon persönlich in Austauschangelegenheiten engagiert hatte, war über die Kooperation zwischen dem ihm unterstellten RSHA und dem AA informiert. Spätestens Anfang April 1943 muss Himmler dann die Errichtung eines Austauschlagers befohlen haben. Für die Entwicklung des Lagers, insbesondere in Bezug auf die Versorgung der Häftlinge, war von entscheidender Bedeutung, dass Himmler trotz der Austauschintention Bergen-Belsen in das System der Konzentrationslager (KZ) einordnete. Da für die KZ das Wirtschaftsverwaltungshauptamt (WVHA) zuständig war, beauftragte Himmler den Chef dieser Behörde, SS-

---

[92] Kolb, Bergen-Belsen 1996, S. 21 ff.
[93] Runderlaß der »Abteilung Deutschland« des AA an die »Vertreter des AA«, 20.2. 1943, in: Kolb, Bergen-Belsen 1962, S. 205.

Obergruppenführer Oswald Pohl, mit der Suche nach einem geeigneten Ort.[94] Von diesem Zeitpunkt an befassten sich mit WVHA, RSHA, und AA gleich drei Institutionen mit dieser Angelegenheit. Den Personenkreis für die Austauschaktionen legte dann das RSHA genau fest:

1. Juden, die verwandschaftliche oder sonstige Beziehungen zu einflußreichen Personen im feindlichen Ausland haben;
2. Juden, die unter Zugrundelegung eines günstigen Schlüssels für einen Austausch gegen im feindlichen Ausland internierte oder gefangene Reichsangehörige in Frage kommen;
3. Juden, die als Geiseln und als politische oder wirtschaftliche Druckmittel brauchbar sein könnten;
4. jüdische Spitzenfunktionäre.[95]

Nachdem Oswald Pohl sich für Bergen-Belsen als Standort für ein Austauschlager entschieden und die Wehrmacht einen Teil ihres Kriegsgefangenenlagers an die SS abgetreten hatte, begannen noch Ende April 1943 500-600 KZ-Häftlinge, die meisten aus den Lagern Buchenwald und Natzweiler kommend, mit dem Ausbau des Lagers. Es sollte ca. 10.000 Juden aufnehmen können. Die in einem Baukommando zusammengefassten KZ-Häftlinge, zumeist Polen und Russen, blieben auch nach Ankunft der ersten Austauschjuden in Bergen-Belsen und wurden isoliert in einem sogenannten Häftlingslager untergebracht. Sie waren nie für einen Austausch vorgesehen und starben in hoher Zahl durch schwere körperliche Arbeit bei unzureichender Verpflegung und durch die Misshandlungen des SS-Wachpersonals.

Am 10. Mai 1943 wurde dann das »Zivilinternierungslager Bergen-Belsen« offiziell gegründet. Erster Kommandant wurde der SS-Hauptsturmführer Adolf Haas. Als das RSHA den Hinweis gab, dass laut Genfer Konvention internationale Kommissionen das Recht haben, Zivilinternierungslager zu besichtigen, wurde die Bezeichnung kurz vor Ankunft der ersten Austauschhäftlinge »aus taktischen Gründen« in »Aufent-

---

[94] Eine umfassende Darstellung über das System und die Entwicklung der Konzentrationslager im Dritten Reich kann aus Platzgründen nicht erfolgen. Vgl. u.a. Karin Orth, Das System der Konzentrationslager. Eine politische Organisationsgeschichte, Hamburg 1999; Ulrich Herbert/Karin Orth/Christoph Dieckmann (Hg.), Die nationalsozialistischen Konzentrationslager- Entwicklung und Struktur, Bd. 1 und 2, Göttingen 1998 u. Falk Pingel, Häftlinge unter NS-Herrschaft. Widerstand, Selbstbehauptung und Vernichtung im Konzentrationslager, Hamburg 1978. Pingel konzentrierte sich als einer der ersten deutschen Wissenschaftler auf die Verhaltensweisen der Häftlinge untereinander und gegenüber dem Lagerpersonal.
[95] Richtlinien zur technischen Durchführung der Verlegung von Juden in das Aufenthaltslager Bergen-Belsen. Weisung vom 31. August 1943, in: Konzentrationslager Bergen-Belsen, S. 36.

haltslager Bergen-Belsen« umgeändert.[96] Ab Juli 1943 kamen dann mehrere tausend Juden in das in unterschiedliche Bereiche aufgeteilte Aufenthaltslager. Die meisten von ihnen hatten zwei Staatsangehörigkeiten: Die ihres Heimatlandes und die eines weiteren Staates. Das größte Teillager war das »Sternlager«, in dem in erster Linie holländische Juden eingesperrt waren. Sie trugen ihre mit dem Davidstern versehene Zivilkleidung und mussten bei schlechter Ernährung in Arbeitskommandos tätig sein. Juden mit der Staatsangehörigkeit neutraler Staaten kamen in das »Neutralenlager«. Hier bestand kein Arbeitszwang und die Verpflegung und Behandlung waren etwas besser als in den anderen Teillagern. Misshandlungen und brutale Strafen, wie z.B. im Sternlager, kamen hier nur selten vor.[97] In einem »Sonderlager« waren zwischen Juli und Oktober 1943 polnische Juden unterschiedlicher Herkunft inhaftiert. Einige von ihnen hatten südamerikanische Pässe bei sich, die meisten aber nur Zertifikate, sogenannte »Promesas«, die von Konsuln der betreffenden Staaten ausgestellt waren und die Zustellung eines Passes in Aussicht stellten.[98] Aufgrund ihrer Nationalität hätten die polnischen Juden eigentlich ins Sternlager gehört; sie sollten aber nicht von den in Polen begangenen Greueltaten der deutschen Einheiten berichten und kamen deshalb in das streng isolierte Sonderlager.[99] Sie wurden aus diesem Grund auch nicht in die Arbeitskommandos eingeteilt. Von den 2.500 polnischen Juden des Sonderlagers sind Ende Oktober 1943 1.800, unter dem Vorwand ausgetauscht zu werden, nach Auschwitz gekommen und dort vergast worden.[100]
Im Juli 1944, es waren zu diesem Zeitpunkt etwa 7500 Häftlinge in Bergen-Belsen, kam es zu der Errichtung eines »Ungarnlagers«. Im Rahmen einer Sonderaktion gelang es zionistischen Vertretern in Verhandlungen mit der SS, 1.683 ungarische Juden über Bergen-Belsen in die Schweiz zu bringen. Die in der Regel mit Palästina-Zertifikaten ausgestatteten ungarischen Juden wurden gegen Zahlung eines Kopfgeldes oder kriegswichtiger Produktionsgüter ausgetauscht. Unabhängig von dieser Sonderaktion erlangten tatsächlich nur 357 weitere Insassen als Austauschhäftlinge die Freiheit.[101]

---

[96] Runderlaß des Wirtschafts-Verwaltungshauptamtes an die Lagerkommandanten der Konzentrationslager, 29. Juni 1943, in: Bergen-Belsen, Berichte und Dokumente S. 33.
[97] Kolb, Bergen-Belsen 1962, S. 66.
[98] Kolb, Bergen-Belsen 1996, S. 27.
[99] Ebd., S. 33.
[100] Wenck, Menschenhandel, S. 152 ff.
[101] Kolb, Bergen-Belsen 1962, S. 87.

Die Verhältnisse im Aufenthaltslager Bergen-Belsen, in dem auch schon in den ersten Monaten Hunger, Krankheiten und Misshandlungen durch das Wachpersonal zum täglichen Erscheinungsbild gehörten, verschlechterten sich ab dem Spätsommer 1944 stetig und nahmen unvorstellbare Ausmaße an. Im August 1944 begann die Deportation vieler tausend Frauen aus im Osten liegenden Arbeitslagern und Ghettos nach Bergen-Belsen. Zunächst in Zelten ohne sanitäre Einrichtungen untergebracht, wurden die zumeist ungarischen oder polnischen Jüdinnen in die Außen- und Arbeitskommandos anderer Konzentrationslager verlegt. Auch Bergen-Belsen hatte in Unterlüß, Hambühren und Bomlitz drei Außenkommandos, in denen die Frauen Zwangsarbeit verrichten mussten. Als im November ein Sturm die Zelte hinwegfegte, wurden die Frauen in bereits überfüllte Baracken untergebracht. Ab Herbst 1944 wurden die großen Vernichtungslager in Polen vor der heranrückenden Roten Armee geräumt. In häufig wochenlang dauernden Todesmärschen legten die KZ-Häftlinge zu Fuß oder eingepfercht in Viehwaggons die Strecke von den Vernichtungs- oder frontnahen Konzentrationslagern ins Reichsgebiet zurück. Bergen-Belsen war durch seine zentrale Lage und der damit verbundenen Distanz zu den Frontverläufen ein wichtiger Deportationsort geworden.

Schon ab März 1944, verstärkt aber in den letzten Monaten bis zur Befreiung des Lagers, kamen auch einige tausend Häftlinge aus Konzentrationslagern nach Bergen-Belsen, die körperlich nicht mehr in der Lage waren, Zwangsarbeit zu verrichten. Diese Männer ganz unterschiedlicher Herkunft und Nationalität bildeten einen Querschnitt durch fast alle im Nationalsozialismus verfolgten Opfergruppen. Sie kamen in das erweiterte Häftlingslager, wo sie sich laut SS-Jargon von der Zwangsarbeit »erholen« sollten. Hier mussten sich mehrere tausend Häftlinge in den letzten Wochen vor der Befreiung einen Wasserhahn teilen, oft gab es tagelang nichts zu essen. Die schwachen und kranken Menschen lebten in mit Kot und Dreck verschmutzten Baracken auf dem Fußboden, in den Ecken lagen oft Berge von Leichen. Unter den sich selbst überlassenen Häftlingen, von denen viele nicht mehr in der Lage waren, die Baracken zu verlassen, kam es immer häufiger zu Fällen von Kannibalismus.

Im Dezember 1944 waren in dem nun auch formal als Konzentrationslager bezeichneten Bergen-Belsen 15.257 Häftlinge eingesperrt. In diesem Monat kam es auch zu einem Wechsel in der Kommandantur. Josef Kramer, der zuvor Kommandant in Auschwitz-Birkenau gewesen war, löste Adolf Haas ab und trug durch unverhältnismäßige Befehle und seine Gleichgültigkeit gegenüber dem Leben der Häftlinge erheblich zum Massensterben bei. Ende Januar 1945 wurde dann das Kriegsgefangenenlazarett in den KZ-Bereich überführt und als »Großes Frauenlager« eingerichtet, die Zahl der Häftlinge erhöhte sich auf 20.000. Obwohl das Lager schon völlig überfüllt war, kamen in den nächsten Wochen weitere Transportwellen aus evakuierten Konzentrations- und Vernichtungslagern an. Gleichzeitig mussten noch kurz vor der Befreiung tausend andere Häftlinge überstürzt ihre wenigen Habseligkeiten zusammenpacken und das Lager verlassen, z.B. in Richtung des bei Hamburg gelegenen KZ Neuengamme.

Als die Engländer am 15. April 1945 das Lager befreiten, fanden sie 40.000 fast verhungerte und von Krankheiten ausgezehrte Menschen vor, mehrere tausend Leichen lagen im ganzen Lagergelände verteilt umher. Zuvor wurde zwischen dem für das Kampfgebiet zuständigen Wehrmachtskommandeur und dem Stabschef des VIII. englischen Panzerkorps, Brigadier Taylor-Balfour, durch den Abschluss eines lokalen Waffenstillstandes die kampflose Übergabe des Lagers beschlossen - ein bis dahin einmaliger Vorgang im Verlauf des Zweiten Weltkrieges. Heinrich Himmler stimmte der Aufnahme von Verhandlungen mit den Engländern zu, nachdem er davon überzeugt werden konnte, seinen ursprünglichen Liquidierungsbefehl für Bergen-Belsen zurückzunehmen. Beide Seiten waren darauf bedacht, in der Nähe des Lagers Kampfhandlungen zu vermeiden, um eine Ausbreitung der Seuchen zu verhindern.[102] Da die Wehrmacht bereits am 7. April einen Teil ihrer Kasernen auf dem Truppenübungsplatz geräumt hatte, konnten 20.000 weitere KZ-Häftlinge dort untergebracht werden. Ihnen blieb dadurch die Unterbringung in dem verseuchten Hauptlager erspart. Insgesamt starben vom 10. Mai 1943 bis zum Tag der Befreiung mindestens zwischen 36.400 und 37.600 Menschen.[103]

---

[102] Kolb, Bergen-Belsen 1996, S. 51 u. Wenck, Menschenhandel, S. 374 ff. Vgl. auch den Bericht des Kommandeurs des 63. Anti-Tank-Regiments, Lt.-Col. Taylor, über die Übernahme des Lagers Bergen-Belsen durch britische Truppen, in: Konzentrationslager Bergen-Belsen, S. 175-181 u. den Bericht über die Übergabe des Konzentrationslagers Bergen-Belsen durch Oberst a.D. Hans Schmidt an das VIII. Britische Korps im April 1945 (Kopie in der Gedenkstätte Bergen-Belsen).

[103] Kolb, Bergen-Belsen 1996, S. 84. Die Sterbezahl ermittelte Kolb durch Sterbefall-Zweitbücher, die für die Jahre 1943/44 vollständig erhalten geblieben sind und zunächst in der zuständigen Verwaltungsinstanz (Landkreis Fallingbostel) aufbewahrt wurden. Die Erstbücher sind mit der übrigen Lagerregistratur vernichtet worden. Für das Jahr 1945 liegen u.a. Listen der Lagerverwaltung vor, in denen für die Verpflegungszuteilung der Häftlingsbestand und die Zahl der Verstorbenen täglich berechnet wurden (siehe Kapitel 3.2.2). Die Listen hat der Sternlagerhäftling Jacob de Heer vor der Vernichtung gerettet.

## 3.2 Das Konzentrationslager und sein Umfeld: Die Wahrnehmung von »außen« und von »innen«

### 3.2.1 Ankommende und abgehende Transporte

Von der Errichtung des Lagers im Mai 1943 bis zur Übernahme durch die Engländer gelangten mehr als 250 Häftlingstransporte nach Bergen-Belsen, der Großteil davon in den letzten Wochen und Tagen vor der Befreiung. In demselben Zeitraum haben mindestens 100 Transporte mit etwa 30.000 Menschen das Lager verlassen.[104] Die Häftlinge des Austauschlagers Bergen-Belsen kamen ebenso wie die sowjetischen Kriegsgefangenen an der Verladerampe an. Auch die abgehenden Transporte verließen Bergen-Belsen in der Regel auf diesem Wege. Erst als in den letzten Kriegswochen die Häftlinge ihre qualvollen Todesmärsche zur Räumung der Vernichtungs- und Konzentrationslager antreten mussten, wurden die Einfallstraßen nach Bergen-Belsen für den Transportweg benutzt. Bevor anhand von Augenzeugenberichten veranschaulicht werden wird, was sich speziell auf den letzten Kilometern bis in das Lager ereignete, folgen einige Anmerkungen zu den verantwortlichen Stellen der Transporte.

Das RSHA war die entscheidende Behörde für die Transporte von und nach Bergen-Belsen. Es bestimmte nicht nur den Personenkreis der Häftlinge, sondern stellte selbstständig die Austauschtransporte zusammen und legte die An- und Abfahrtstermine fest. Auch dadurch wird die Sonderstellung von Bergen-Belsen im nationalsozialistischen Lagersystem deutlich, denn für Häftlingstransporte von einem KZ zu einem anderen war eigentlich das Amt D des WVHA zuständig.[105] Laut Richtlinie des RSHA sollten die Austauschjuden in einer Gruppenstärke von 50 bzw. 100 Personen in an Regelzüge angehängte Sonderwaggons die Bahnstation Bergen, gemeint ist die Verladerampe, erreichen. Tatsächlich differierte die Transportgröße von Beginn an erheblich. Es sind Einzelpersonen nach Bergen-Belsen deportiert worden, aber gerade in den Apriltagen des Jahres 1945 auch mehrere tausend Menschen zusammengedrängt in einem Zug. Die Transporte mussten zuvor vom Referat IV B 4 des RSHA unter Leitung von Adolf Eichmann genehmigt werden. Die Sonderwaggons hatte die

---

[104] Die Zahlenangaben basieren auf Recherchen von Rolf Keller und Arnold Jürgens, die in der Gedenkstätte Bergen-Belsen eine Datenkartei über die Transporte von und nach Bergen-Belsen angelegt haben und diese laufend erweitern. Kolb, Bergen-Belsen 1996, S. 159.

[105] Kolb, Bergen-Belsen 1962, S. 40 f.

örtliche Reichsbahndienststelle zur Verfügung zu stellen, die Bewachung der Züge übernahmen Angehörige der Sicherheits- und Ordnungspolizei.[106]
Für die praktische Durchführung der Transporte war das RSHA auf die Zusammenarbeit mit der Reichsbahn angewiesen. Dass diese Kooperation nicht nur in Bezug auf Bergen-Belsen gut funktionierte, sondern der Reichsbahn auch beträchtliche Gewinne einbrachte, ist heute allgemein bekannt.[107] Zu den ersten Austauschhäftlingen, die im Juli 1943 nach Bergen-Belsen kamen, gehörten die 2.500 polnischen Juden, die später zum Großteil in Auschwitz umgebracht worden sind. Sophie Götzel-Leviatan, eine Überlebende dieser Gruppe, schildert in einem im Juni 1945 aufgezeichneten Bericht ihre Erlebnisse. Voller Hoffnung in die Freiheit ausgetauscht zu werden, sitzt Götzel-Leviatan mit Koffern und Lebensmitteln bepackt in einem Zug Richtung Bergen-Belsen, den sie im besetzten Warschau bestiegen hat. Da die Transportrichtlinien des RSHA zunächst eingehalten werden, ist sie mit ihrer Familie in einem Abteil 3. Klasse untergebracht. Nach der Ankunft in Bergen-Belsen herrscht auf dem Bahnsteig der Verladerampe reger Betrieb, viele Menschen laufen auf der Suche nach Verwandten und Freunden durcheinander. Deutsche Soldaten lassen die Menschen in Fünferreihen antreten und das Gepäck zusammensuchen. Der 5 Kilometer lange Weg ins Lager muss zu Fuß zurückgelegt werden, Frauen mit kleinen Kindern werden in Lastwagen gefahren.[108]
Sowohl die Zugbegleitung als auch die SS-Wachsoldaten aus dem Lager Bergen-Belsen, die die Transporte in Empfang nahmen, waren zuvor angewiesen worden, die vermeintlichen Austauschhäftlinge zuvorkommend zu behandeln. Das führte zu der für alle Beteiligten ungewöhnlichen Situation, dass im Jahre 1943 SS-Männer die

---

[106] Richtlinien zur technischen Durchführung der Verlegung von Juden in das Aufenthaltslager Bergen-Belsen vom 31. August 1943, in: Konzentrationslager Bergen-Belsen, S. 36.

[107] Den Tarif für einen Transport in die Vernichtungs- oder Konzentrationslager setzte die Reichsbahn mit vier Pfennig pro Streckenkilometer für einen Erwachsenen fest. Er galt für eine Beförderung dritter Klasse, wurde aber auch berechnet, wenn die Menschen für den Transport in Viehwaggons eingepfercht wurden. Bei entsprechender Gruppengröße wurde dem RSHA, das sich das Geld auf verschiedenen Wegen von den Juden zurückholte, eine Ermäßigung gewährt. Hilberg, S. 290. Ausführliche Informationen über die Beteiligung der Reichsbahn am Holocaust und die katastrophalen Transportbedingungen in: Raul Hilberg, Sonderzüge nach Auschwitz, Mainz 1981; Heiner Lichtenstein, Mit der Reichsbahn in den Tod. Massentransporte in den Holocaust 1941-1945, Köln 1985 u. Sigrud Wulf (Hg.), Nur Gott der Herr kennt ihre Namen. KZ-Züge auf der Heidebahn, Soltau 1991.

[108] Bericht von Sophie Götzel-Leviatan vom Juni 1945: Zwei Jahre im Konzentrationslager Bergen-Belsen, in: Konzentrationslager Bergen-Belsen, S. 38.

Austauschjuden höflich siezten und ihnen beim Ein- und Ausstieg aus den Zügen behilflich waren.[109] Da den polnischen Juden die Mitnahme persönlicher Ausrüstungsgegenstände großzügig gestattet wurde, gelangten neben Lebensmitteln und Kleidung u.a. auch Musikinstrumente oder Pelzmäntel ins Lager. Die Beobachtung dieser ersten Transporte scheint die Bevölkerung in ihrem Glauben bestärkt zu haben, dass es den Juden im Lager gar nicht schlecht gegangen sei.[110] Ist solch eine Vorstellung erst einmal im Bewusstsein verankert, wird sie oft wider besseren Wissens hartnäckig verteidigt. Noch im Jahre 1957 behauptete der Vorsteher des Gutsbezirkes Lohheide, dass das »Sternlager« in Bergen-Belsen ein sauberes Schauinternierungslager war, in dem die Familien ihre eigenen Wohnungen und Dienstmädchen hatten.[111]

Die äußeren Bedingungen der nachfolgenden Transporte lassen sich etwa bis zum Frühjahr/Sommer 1944 mit denen der ersten Austauschhäftlinge vergleichen. In den Zügen saßen die Menschen in Personenwagen 3. Klasse, nun aber oft auf engsten Raum zusammengefasst.[112] Über das Verhalten der Wachsoldaten gibt es allerdings unterschiedliche Aussagen. Renata Laquer, die im März 1944 aus Westerbork nach Bergen-Belsen kam, notierte in ihr Tagebuch, dass die Behandlung auf dem Bahnsteig korrekt gewesen sei und SS-Männer ihr beim Verladen des Gepäcks auf einen LKW behilflich waren.[113] Der Leipziger Jude Schlomo Samson erreichte, ebenfalls aus Westerbork kommend, zwei Monate früher das Lager und bezeichnete die Ankunft in Bergen-Belsen als »typische Konzentrationslager-Empfangszeremonie.«[114] Samson musste mit seiner Gruppe unter ohrenbetäubendem Geschrei des Wachpersonals die Waggons verlassen; auf dem zweistündigen Fußmarsch von der Rampe ins Lager wurden sie von SS-Männern ebenfalls unter Gebrüll zur Eile getrieben und beschimpft.[115]

Ab Spätsommer/Herbst 1944 begannen die bereits beschriebenen zahlreichen Deportationen aus den Vernichtungs- und Konzentrationslagern nach Bergen-Belsen.[116]

---

[109] Wenck, Menschenhandel, S. 150.

[110] SHF, Bergen 294/17: Bertha Wismer, 7. April 1949.

[111] SHF, Lohheide 297/11: Gutsvorsteher Jahr, 11. Dezember 1957.

[112] Stellvertretend hier die Aussage von Karl Ochsenmann. Zehnseitiges handschriftliches Manuskript, Original in Yad Vashem, Kopie in Gedenkstätte Bergen-Belsen.

[113] Laquer, S. 11.

[114] Samson, S. 224.

[115] Ebd.

[116] Den Befehl zur Räumung der Konzentrationslager gab Heinrich Himmler. Die Organisation und Durchführung der Evakuierungstransporte, z.B von Auschwitz nach Bergen-Belsen, gehörte

Da aufgrund mangelnder Kapazität und Einsparung von Kosten für immer mehr Häftlinge immer weniger Züge zur Verfügung standen und diese oft auch noch auf langen Irrfahrten wochenlang durch das zerbombte Deutschland unterwegs waren, sind die Transportbedingungen in den letzten Monaten und Wochen des Krieges nur als katastrophal zu bezeichnen. Außerdem war der Gesundheitszustand der meisten nach Bergen-Belsen verlegten KZ-Häftlinge mittlerweile so schlecht, dass viele nach der Ankunft in Bergen tot aus den Viehwaggons, Transporte in Personenwagen gab es nur noch in Ausnahmen, geborgen werden mussten. Bevor die Überlebenden auf den Weg ins Lager antreten mussten, wurden die Verstorbenen direkt an der Rampe notdürftig verscharrt oder in von Häftlingen ausgehobene Gräber geworfen. Einige Tote wurden in der Nähe der Gleise auch nur zu Haufen zusammengeworfen.[117] Gerade in den ersten Apriltagen des Jahres 1945 war die Rampe zu einem Ort mit lagerähnlichen Verhältnissen geworden. Einige tausend Menschen sind in diesen Tagen über das Drehkreuz Verladerampe deportiert worden, viele mussten manchmal tagelang vor oder in den Zügen auf den Weitertransport in andere Lager warten. Nur ein Wasserhahn stand den Häftlingen im Bereich der Rampe zur Verfügung.[118] Der Bauer Ahrens beobachtete diese Situation:

> Die überfüllten Züge mit diesen Menschen standen auf dem Bahnhof und hielten dort tagelang. Verpflegen durften wir sie nicht, weil wir nicht heran durften. Es waren vorwiegend geschlossene Wagen, die darauf warteten, dass sie im Lager ausgeladen wurden.[119]

Kompetenzstreitigkeiten zwischen Lagerkommandantur und den übergeordneten Instanzen RSHA und WVHA sowie eine desolate Planung und Koordinierung der Transporte trugen dazu bei, dass ankommende Häftlinge nicht abgeholt wurden und ebenfalls stundenlang an der Rampe ausharrten, bis einige SS-Soldaten sie schließlich ins Lager trieben.[120]

---

nicht zum Aufgabenbereich des RSHA, sondern lag nun wieder in den Händen des WVHA. Kolb, Bergen-Belsen 1962, S. 305.

[117] Samson, S. 407; Rosenberg, S. 141; Herzberg, S. 234 f. u. Theresia Hasselmann, maschinenschriftliches Manuskript ihres persönlichen Berichtes (Gedenkstätte Bergen-Belsen).

[118] Herzberg, S. 236 u. Kolb, Bergen-Belsen 1962, S. 155 f.

[119] SHF, Wardböhmen (Bergen) 299/21: Bauer Ahrens, 5. Dezember 1946.

[120] Samson, S. 245. Schon am 1. Juni 1944 war es durch eine Fehlplanung dazu gekommen, dass 222 zum Austausch bestimmte Juden bereits auf dem Weg zur Rampe waren, ehe die Aktion abgeblasen wurde und die Häftlinge ins Lager zurückkehrten. Kolb, Bergen-Belsen 1962, S. 92.

Die Ereignisse an der Rampe blieben neben den Bewohnern auch den Soldaten aus der Umgebung nicht verborgen. Da die Versorgung der auf dem Truppenübungsplatz stationierten Wehrmachtseinheiten auch über die Verladerampe erfolgte, kamen einige Soldaten unweigerlich mit den Transporten in Berührung. Friedrich Rust, von August 1944 bis März 1945 in einer Panzertruppenschule in Bergen eingesetzt, war im Spätsommer 1944 zu einem Dienst an der Rampe eingeteilt, um dort gelagertes Stückgut und Kisten für den Kasernenbetrieb zu bewachen. Während seines Wachdienstes fuhr ein Güterzug ein, der Frauen aus Polen beförderte, die ins Lager Bergen-Belsen kommen sollten. Im allgemeinen Durcheinander beim Aussteigen und Sammeln, SS-Soldaten schlugen dabei auf die Frauen ein, näherte er sich einer kleinen Gruppe und fragte die Frauen, woher sie kämen und ob sie Jüdinnen seien. Als die SS dann die Frauen lautstark zu einem Zug formierte, zog Rust sich »aus vielerlei Gründen« zurück.[121]

Der Soldat Hamann musste mit zwei Pferden Material von der Rampe abholen und stieß ebenfalls auf einen ankommenden Häftlingstransport:

...und da kamen sie denn. Und alles, was nicht weiter konnte, fiel ja um unterwegs...und da gingen sie an beiden Seiten mit Gewehre, vorne, hinten, und hinten gingen zwei so 'ne Starke und alles, was umfiel, wurde in den Graben geschmissen. Und dann fuhren sie hin mit 'nem LKW mit Anhänger und sammelten das alles auf...[122]

Neben Transportgütern kamen, gerade in den letzten Kriegswochen, auch Lazarettzüge aus dem Osten in Bergen-Belsen an, um verwundete Soldaten in Kasernen, die auf dem Truppenübungsplatz lagen, unterzubringen. Erhard Eppler, nach dem Krieg Bundesminister und viele Jahre Mitglied des Parteipräsidiums der SPD, kam als junger Soldat in die Lüneburger Heide und wurde im Februar 1945 mit Teilen seiner Kompanie zur Verladerampe kommandiert, um verwundete Wehrmachtssoldaten abzuholen. Auch Eppler erlebte die Ankunft eines Deportationszuges und betrachtete schweigend und feige, so seine eigene Einschätzung, wie SS-Männer- und Frauen prügelnd und schreiend die Menschen aus den Waggons trieben.[123]

---

[121] Friedrich Rust, Erinnerungen an meine Dienstzeit in der Kaserne Bergen-Belsen von Anfang August 1944 bis Mitte März 1945, maschinenschriftliches Manuskript (Gedenkstätte Bergen-Belsen). Nach Aussage von Rolf Keller handelt es sich bei dem von Rust beobachteten Transport wahrscheinlich um Zivilisten aus dem Warschauer Aufstand.
[122] Interview mit Herrn Hamann (11. September 1988, Gedenkstätte Bergen-Belsen).
[123] Eppler, S. 3.

Liest man die Augenzeugenberichte der drei Wehrmachtsangehörigen aufmerksam durch, fällt auf, dass sie ihre passive Haltung in erster Linie auf die Angst vor der SS zurückführten. Wichtig sind im Fall der Soldaten zudem ihre klaren Dienstanweisungen gewesen, wie Eppler in der Retrospektive betont. Er war, bei aller Abscheu vor dem Szenario an der Verladerampe, darauf dressiert, seine Arbeit zu erledigen. Die SS hatte ihre Waggons zu entladen, wir die unseren, so Eppler, keiner der anwesenden Soldaten spielte mit dem Gedanken, dem Treiben Einhalt zu gebieten.[124]

Sowohl der Marsch von der Rampe ins Lager als auch der umgekehrte Weg waren für die Häftlinge ein einziges Martyrium. Oft brauchten die von Krankheit und Hunger gezeichneten Menschen mehrere Stunden für die wenigen Kilometer. Ankunft und Abtransport lagen manchmal zeitlich so dicht beieinander, dass sich hunderte von Häftlingen auf der Straße begegneten. Viele von denen, die Bergen-Belsen verließen, warfen ihre wenigen Habseligkeiten in den Straßengraben, um nicht den Anschluß an die Kolonne zu verlieren.[125] Wer nicht mehr weiter konnte, wurde erschossen; entweder direkt auf der Straße oder wenige Schritte von ihr entfernt im Wald. Die Belsener Straße war, so eine Augenzeugin, voll von Toten.[126] Nur selten zeigten die Wachsoldaten Mitgefühl, wenn jemand nicht mehr in der Lage war, dem Transport zu folgen. Adolf Gawalewicz schleppte sich im April 1945 von der Verladerampe Richtung KZ und musste mit ansehen, wie viele seiner Kameraden die Strapazen nicht mehr ertragen konnten und sich an den Wegesrand setzten. Nach einer Weile, so Gawalewicz, hörte man Schüsse, die die »Trödler« liquidierten. Als ihn selbst die Kräfte verließen, setzte er sich an einen von »weichen grünen Moos« umgebenen Baum: »das ist der richtige Ort, hier werde ich auf sie warten, sie können kommen.«[127] Ein älterer Wachsoldat näherte sich und ermunterte ihn weiterzugehen: »Mensch steh auf, es ist nicht mehr weit, und dort hinten wird geschossen.«[128] Der

---

[124] Ebd.
[125] Herzberg, S. 235; Mina Tomkiewicz, Auch gelebt hat man dort, maschinenschriftliches Manuskript (Gedenkstätte Bergen-Belsen) u. Miklos Prommer, Protokoll aufgenommen am 21. August 1945 im Büro des Landeskomitees für Deportiertenfürsorge in Budapest, Kopie in Gedenkstätte Bergen-Belsen.
[126] 1950 in Buenos Aires notierter Überlebensbericht von Charlotte Meyerstein, veröffentlicht in: »...vergessen kann man das nicht.« Wittener Jüdinnen und Juden unter dem Nationalsozialismus. Herausgegeben von der Stadt Witten 1991, Kopie in Gedenkstätte Bergen-Belsen.
[127] Adolf Gawalewicz, Nummer kehrt zum Namen zurück, deutsche Übersetzung eines Zeitzeugenberichtes aus dem Polnischen (Gedenkstätte Bergen-Belsen).
[128] Ebd.

ungewohnte »wohlwollende Ton« in der Stimme des Mannes ließ Gawalewicz schließlich aufstehen und weitergehen.

Die Jüdin Simha Naor konnte auf dem Weg von der Rampe ins Lager nicht mehr dem Tempo der anderen Häftlinge folgen, da sie Holzpantinen an den Füßen trug und auf dem vereisten Weg ständig ins Rutschen und Straucheln kam. Während SS-Soldaten auf alle einprügelten, die niederfielen, gab ihr ein SS-Mann den Rat: »nimm die Holzschuhe in die Hand, lauf barfuss...«[129] »Noch heute«, so Naor in ihren Aufzeichnungen von Dezember 1945, »bin ich jenem Nazi dankbar.«[130] In zwei bekannten Fällen haben Wachsoldaten keine Gewalt angewendet, sondern die erschöpften Häftlinge ermutigt, durchzuhalten und weiter zu gehen. Besonders das Erlebnis von Adolf Gawalewicz zeigt, dass das in der Nachkriegszeit von vielen Deutschen überstrapazierte Argument des Befehlsnotstandes in seiner Ausschließlichkeit nicht verfängt. Auch wenn nur eine Minderheit der SS-Soldaten wie im Fall Gawalewicz oder Naor reagiert hat, wird deutlich, dass zwischen der Anordnung, Häftlinge, die aus Schwäche dem Transport nicht mehr folgen konnten, mit Prügel weiter zu treiben oder zu erschießen, und der tatsächlichen Umsetzung die Eigenverantwortlichkeit des SS-Mannes eine bedeutende Rolle spielte.

Wie schon an anderer Stelle erwähnt, war der Verbindungsweg zwischen Lager und Rampe ein Teilstück der öffentlichen Landstraße zwischen den Orten Bergen und Winsen, das direkt durch den Ort Belsen führt. In einigen Erlebnisberichten machen ehemalige Häftlinge, die diesen Weg gehen mussten, Aussagen bezüglich der Landschaft und des Ortes Belsen, die auf eine hohe Intensität der Wahrnehmung schließen lassen. Simon Heinrich Herrmann, der Bergen-Belsen im Juni 1944 verließ, berichtet:

Alles machte einen sauberen, aber leblosen Eindruck. In den Schaufenstern war, ausser Reklameplakaten und leeren Schachteln nichts zu sehen, gleichgültig ob es sich um eine Drogerie, eine Bäckerei, einen Zigarrenladen oder einen Schuhwarenhandel handelte.[131]

Genauso wie die Häftlinge ihre Umgebung wahrgenommen haben,[132] haben die Menschen aus der Region Bergen die Häftlingstransporte zur Kenntnis genommen und wurden dadurch unweigerlich Zeuge der Begebenheiten, die sich auf den wenigen

---

[129] Simha Naor, im Dezember 1945 notierter Überlebensbericht (Gedenkstätte Bergen-Belsen).
[130] Ebd.
[131] Herrmann, S. 84.
[132] Vgl. dazu auch das Kapitel 3.2.3.

Kilometern ereigneten. Personen, die auf dem Weg zum Einkaufen oder zum Arzt die Straße benutzten, stießen entweder auf einen Elendszug mit Häftlingen oder nahmen die Leichenberge und weggeworfenens Gepäck auf oder neben der Straße wahr.[133] Als dann in den letzten Wochen die Häftlinge nicht nur über die Verladerampe deportiert wurden, sondern die Todesmärsche durch viele kleine Ortschaften führten, wurde die Bevölkerung fast täglich mit der Existenz des Lagers Bergen-Belsen konfrontiert. Viele Menschen beobachteten vom Straßenrand aus das Geschehen oder entdeckten die Leichen von erschossenen Juden an den Strecken, die die SS für den Transport ins Lager auswählte.[134] Die Reaktionen der Menschen waren sehr unterschiedlich und zeigen auf, welche Handlungsspielräume zur Verfügung standen.

Der Historiker Herbert Obenaus erwähnt, dass die Bevölkerung trotz des bereits fünf Jahre dauernden Krieges und einer damit einhergehenden Gewöhnung an schreckliche Begebenheiten das Elend der Evakuierungsmärsche mit Entsetzen beobachtete. Dazu trug seiner Meinung nach bei, dass die SS keine Rücksicht mehr auf die Bevölkerung nahm und Häftlinge direkt vor ihren Augen erschoss.[135] Die Erschießungen waren sicherlich einer der Gründe, warum die meisten Beobachter, unabhängig von ihren Empfindungen, nur zusahen, wenn eine Kolonne mit KZ-Häftlingen an ihnen vorbei zog. Simha Naor, die nach der Befreiung zunächst in Bergen-Belsen blieb und einem englischen Arzt in der Ambulanz eines Typhusspitals half, versuchte das Verhalten der Menschen einzuordnen, die scheinbar gleichgültig an der Straße standen und keine Notiz von den vorbeiziehenden Häftlingen nahmen:

Unwillkürlich musste ich Vergleiche ziehen, musste an mein ehemaliges normales Leben denken. War auch ich 'mal unberührt vom Leid anderer Menschen gewesen? Auf welche Art hätte ich reagiert, wenn eine Gruppe abgerissener Bettler gleich uns, bewacht von bewaffneten Soldaten und Hunden, an mir vorbei gekommen wären? Hätte ich nicht unwillkürlich Verbrecher vermutet? Aber...es ist doch ein kleiner Unterschied da...wir sind nummeriert und haben gelbe Judendreiekke...die Deutschen, welche wir begegnet waren, mussten gewusst haben, wer wir sind, von wo wir kommen? Und trotzdem? Oder deshalb die Gleichgültigkeit? Halb verhungert, tot müde, erfroren, abgekämpft und hoffnungslos näherten wir uns einer wunderschönen Landschaft.[136]

---

[133] Interview mit Frau Schmidt (Name geändert), 5. Juli 1997, in: Dettmar, S. 40. u. Interview mit F. Hemme (21. Januar 1991, Gedenkstätte Bergen-Belsen).

[134] Wessling, S. 21; Obenaus, Räumung, S. 493-518. Obenaus zeichnet in seinem Aufsatz detailliert den Weg nach, den die KZ-Häftlinge von Hannover bis ins Lager Bergen-Belsen zurücklegen mussten.

[135] Obenaus, Räumung, S. 515 f.

[136] Simha Naor, im Dezember 1945 notierter Überlebensbericht (Gedenkstätte Bergen-Belsen).

Es gab aber auch Personen, die nicht nur teilnahmslos zuschauten, sondern sich auf vielfältige Art und Weise einmischten: Vorbeiziehende Häftlinge wurden beleidigt und als »Saujuden« beschimpft,[137] so mancher äußerte in Gegenwart der SS durch einen Kraftausdruck seinen Unmut über die Behandlung der KZ-Häftlinge,[138] und einige versuchten trotz Verbot den Häftlingen Wasser oder Lebensmittel zu reichen, was von den Wachsoldaten meistens schroff unterbunden wurde.[139] Gefährlicher war es da schon, geflohenen KZ-Häftlingen zu helfen. Auf die Unterstützung sogenannter »Reichsfeinde« standen schwerste Strafen und in einer Zeit, in der das Denunziantentum beispiellos florierte, war die Bereitschaft, einen wildfremden Menschen in irgendeiner Form zu unterstützen, gering.[140] Vielleicht divergierte deshalb die Schere des aktiven Handelns bei Fluchtversuchen am deutlichsten. In Winsen wurde ein KZ-Häftling, der während eines Transportes entflohen war und in Sträflingskleidung an eine Haustür klopfte, von der Familie des Hauseigentümers in einem Stall versteckt und verpflegt.[141] In Celle und Umgebung kam es zu mehreren Fällen von Zivilcourage, als ein Güterzug, der KZ-Häftlinge Richtung Bergen-Belsen transportierte, im Güterbahnhof von Celle bombardiert wurde. Häftlinge, die während des Bombardements fliehen konnten, suchten in der näheren Umgebung Schutz und fanden Leute, die ihnen Unterschlupf, Essen und Kleidung gewährten. Dagegen machten sich andere Zivilisten nach Ende des Luftangriffes ohne jeglichen Auftrag auf die Suche nach entflohenen KZ-Häftlingen und veranstalteten, mit Knüppeln bewaffnet, eine regelrechte Treibjagd auf sie.[142] Der aus Hambühren stammende Ferdinand Knoop gehört zu den wenigen, die zugaben, in Celle an der Ergreifung von Häftlingen beteiligt gewesen zu sein. In einem Gespräch mit Hanna Fueß erzählt Knoop, wie er entflohene KZ-Häftlinge einfing und versprengten Wehrmachtskommandos übergab, die dann

---

[137] Interview mit Ruth Willdorff-Isaac (2. Juli 1996, Gedenkstätte Bergen-Belsen).

[138] Eppler, S. 3.

[139] Vgl. u.a. Interview mit Zeev Fischler (20. April 1990, Gedenkstätte Bergen-Belsen); Theresia Hasselmann, persönlicher Bericht (Gedenkstätte Bergen-Belsen); SHF, Winsen 299/15: Georg Schulze, 25. Juli 1946 u. Apotheker Walter Redeker, 27. März 1947. Georg Schulze war von 1931-1945 Bürgermeister von Winsen.

[140] Vgl. dazu Gisela Diewald-Kerkmann, Politische Denunziation im NS-Regime oder die kleine Macht der »Volksgenossen«. Diss., Bonn 1995.

[141] Interview mit Herrn Ebeling (24. Mai 1995, Gedenkstätte Bergen-Belsen).

[142] Interview mit Marian Gnyp (10. Oktober 1990, Gedenktstätte Bergen-Belsen); Interview mit Anni Scholle (ohne Datum, Gedenkstätte Bergen-Belsen); Bertram, S. 226-230. Ausführlich zum Luftangriff: Mijndert Bertram, April 1945. Der Luftangriff auf Celle und das Schicksal der KZ-Häftlinge aus Drütte, Celle 1989.

für die Abschiebung der Ergriffenen nach Bergen-Belsen sorgten. Eher beiläufig erwähnt er, dass sich viele entflohene Häftlinge freiwillig gefangennehmen ließen, »weil sie ja doch nicht wußten, wohin sie sollten.«[143] Wie ausweglos sich die Situation mitunter für Häftlinge darstellte, die vermeintlich ihren Peinigern entkommen waren, zeigt ein anderes Beispiel. Im März 1945 wird der Holländer Jan de Graf mit 600 weiteren Häftlingen auf einen Todesmarsch Richtung Bergen-Belsen geschickt. Er merkt, wie ein anderer Holländer aus Schwäche nicht mehr in der Lage ist, der Gruppe zu folgen, kann ihm aber aufgrund der Wachsoldaten, die jede Verzögerung mit Schlägen beantworten, nicht helfen. De Graf muss seinen Kameraden am Wegesrand zurücklassen, der aber von der SS übersehen und deshalb nicht erschossen wird. Als der Häftling, dessen Name nicht bekannt ist, wieder zu sich kam, folgte er freiwillig der Gruppe ins KZ, da er allein und in Sträflingskleidung keine Überlebenschance sah.[144]

### 3.2.2 Die Versorgung des Lagers
*Verwaltungsebene*
Um aufzuzeigen, wie und von wem das Lager Bergen-Belsen versorgt wurde, ist es wichtig, die für diese Bereiche verantwortliche Instanz näher zu beleuchten – das WVHA.
Das WVHA wurde am 1. Februar 1942 gegründet, sein Amtssitz war bis zum Kriegsende in Berlin. Die für alle Wirtschaftsunternehmungen der SS verantwortliche Behörde ging aus einer Zusammenlegung der beiden selbstständigen Hauptämter Verwaltung und Wirtschaft sowie Haushalt und Bauten hervor. Die Neugliederung war nötig, weil die SS auf dem Wirtschaftssektor, auch und gerade unter Einbeziehung der Konzentrationslager, erheblich expandieren wollte und eine Vereinfachung ihrer Verwaltungsstruktur anstrebte. Ziel war es, alle Verwaltungs-, Wirtschafts- und Bauangelegenheiten unter einem Dach zu koordinieren.[145] Leiter des WVHA war, wie bereits erwähnt, der SS-Obergruppenführer Oswald Pohl. Der bisherige Inspekteur der Konzentrationslager, Brigadeführer Richard Glücks, wurde ebenfalls in die neue Zentralbehörde integriert und bekam die Leitung der »Amtsgruppe D Konzentrationslager« mit Sitz in Oranienburg übertragen. Diese Amtsgruppe ist für das hier

---
[143] Ferdinand Knoop aus Hambühren, 27. März 1947, in: Schulze, Unruhige Zeiten, S. 96.
[144] Interview mit Jan de Graf (25. Oktober 1988, Gedenkstätte Bergen-Belsen).
[145] Georg, S. 29.

behandelte Thema von zentraler Bedeutung und wird im Folgenden im Mittelpunkt stehen.[146]

Glücks, der direkt Oswald Pohl unterstand, war als Amtsgruppenchef vier weiteren Ämtern übergeordnet, die mit ihren Referaten folgende Bereiche abdeckten: Amt D I, Zentralamt (Liebehenschel, ab November 1943 Höß, der zuvor Lagerkommandant von Auschwitz war); D II, Arbeitseinsatz der Häftlinge (Maurer); D III, Sanitätswesen und Lagerhygiene (Lolling); D IV Verwaltung (Burger).

Die Konzentrationslager waren auf der Verwaltungsebene ebenfalls in vier Zuständigkeitsbereiche unterteilt, sodass der Arbeitseinsatzführer eines KZ seine Weisungen von D II erhielt, der zuständige Lagerarzt von D III und der Verwaltungsführer von D IV. Der jeweilige Lagerkommandant unterstand dem Amtschef D I, der als einziger nur über den Leiter der Amtsgruppe D Befehle erteilen konnte, die drei anderen Amtschefs hatten für ihren Zuständigkeitsbereich unmittelbare Weisungsbefugnis.[147] Lieferungen in die Lager wurden von der zuständigen Amtsstelle angeordnet. D III war neben seiner Verantwortung für die sanitären und hygienischen Verhältnisse in den KZ auch für die Versorgung mit Medikamenten zuständig, D IV für die Bereitstellung von Unterkunftsgerät und Häftlingskleidung. D IV war außerdem die verantwortliche Amtsstelle für die Versorgung der Lager mit Lebensmitteln. Alle Bauangelegenheiten bezüglich der KZ wurden aus der Amtsgruppe D ausgegliedert und der Amtsgruppe C zugeordnet.[148] Die Lebensmittelversorgung eines KZ soll nun kurz dargestellt werden.

Das Reichsernährungsministerium legte für Zuteilungsperioden von vier Wochen die Verpflegungssätze fest und teilte das Ergebnis dem Amt D IV mit. D IV gab die Vorgabe an die Verwaltungsführer der KZ weiter, die dann ihren Bedarf an Lebensmitteln errechneten.[149] Grundlage dieser Berechnung und damit ausschlaggebend für die Lebensmittelanforderung war die Durchschnittszahl der Häftlinge, die sich während

---

[146] Nähere Informationen über die wirtschaftlichen Tätigkeiten der SS bei Kaienburg, KZ-Haft, S. 29-60 u. Jan Erik Schulte, Zwangsarbeit und Vernichtung. Das Wirtschaftsimperium der SS: Oswald Pohl und das SS-Wirtschafts-Verwaltungshauptamt 1933-1945, Paderborn 2001.

[147] Broszat, S. 134 f. »Anatomie des SS-Staates« ist die Grundlage für ein Gutachten über Konzentrationslager, das 1964 für den Frankfurter Auschwitz-Prozess erstellt wurde und bis heute in seinen Grundaussagen gültig ist.

[148] Kolb, Bergen-Belsen 1962, S. 188 ff. Broszat und Kaienburg sind der Meinung, dass für die Versorgung der Wachmannschaften und Häftlinge mit Bekleidung nicht D IV, sondern das Amt B II zuständig war. Broszat, S. 135 u. Kaienburg, KZ-Haft, S. 52.

[149] Kolb, Bergen-Belsen 1962, S. 190.

der vorhergehenden Zuteilungsperiode im Lager befand.[150] Der Verwaltungsführer musste sich anschließend an das zuständige Ernährungsamt, im Fall Bergen-Belsen das Amt Walsrode/Kreis Fallingbostel, wenden, um dort aufgrund seines errechneten Bedarfs Bezugsscheine von Firmen in Empfang zu nehmen, die das Lager belieferten. Zwischen Firmenleitung und Lagerverwaltung wurde die Lebensmittellieferung abgesprochen, die Bezahlung erfolgte gegen Rechnung, die als Ausgabe in der Kasse der Lagerverwaltung verbucht wurde. D IV war dafür verantwortlich, dass die Häftlinge auch die vom Reichsernährungsministerium festgelegten Verpflegungssätze erhielten. Gerade in Anbetracht des Massensterbens in Bergen-Belsen wird deutlich, mit welchem Kalkül die höheren KZ-Funktionäre auf das Leiden der Häftlinge reagierten, denn die Amtsgruppe D war über die Belegung und die Lebensumstände in den Konzentrationslagern immer informiert, da sie alle zwei Monate einen Rapport der einzelnen Lager erhielt. Zudem besuchte die Elite des WVHA unregelmäßig die einzelnen Lager, in Bergen-Belsen sind z.B. Pohl, Höß und Lolling noch im März 1945 gewesen. Obwohl sie mit eigenen Augen gesehen haben, wie Tausende von Toten im Gelände herumlagen und die noch lebenden Häftlinge kaum Nahrung und Medikamente zur Verfügung hatten, taten sie nichts um die Lebensumstände der Häftlinge zu verbessern, sondern schickten noch weitere Transporte nach Bergen-Belsen.[151]

*Praktische Umsetzung der Versorgung*
Informationen über die Lieferung von Lebensmitteln und einigen anderen Versorgungsgütern nach Bergen-Belsen verdanken wir einem Schreiben des Kommandanten Josef Kramer an den Chef der Amtsgruppe D vom 1. März 1945, in dem Kramer auf die Situation im Lager hinweist.[152] Hinzu kommen Vernehmungsaussagen von Kramer während seiner Gefangenschaft und seine Aussagen im ersten Belsen-Prozess, der von September bis November 1945 in Lüneburg vor einem englischen Militärgericht stattfand. Wichtig sind auch in diesem Fall wieder die Berichte von Zeitzeugen, die entweder an Lieferungen beteiligt waren oder Kenntnis von ihnen hatten.

---

[150] Jürgens/Rahe, S. 137.
[151] Kolb, Bergen-Belsen 1962, S. 188-190.
[152] Der Durchschlag des Schreibens ist einer Vernichtung entgangen, weil er sich nicht mit den anderen amtlichen Unterlagen in der Lagerregistratur, sondern in der Privatwohnung Kramers befand.

Ein Teil der Versorgungsgüter kam, solange das Gleisnetz der Bahn dies noch zuließ, wie zu Zeiten des Kriegsgefangenenlagers auf der Verladerampe an. Die Amtsgruppen des WVHA vereinbarten mit der Lagerkommandantur die Lieferung von Baumaterialien, Rohstoffen, Artikeln für das SS-Bekleidungsmagazin, in dem Uniformen, Stiefel und Ausrüstungsgegenstände in großer Menge eingelagert waren, und von Lebensmitteln. An der Rampe wurden die Waren von aus Häftlingen zusammengestellten »Bahnhofkommandos« mittels LKW abgeholt. Eine bedeutende Quelle ist in diesem Zusammenhang das Tagebuch von Arieh (Leo) Koretz. Koretz war von August 1943 bis kurz vor der Befreiung in Bergen-Belsen und arbeitete mehrere Monate in einem Kommando, das für den Transport von Nahrungsmitteln etc. zuständig war. Im Herbst 1944, als in den Niederlanden das KZ Vught (Herzogenbusch) geräumt wurde, kam fast das komplette Krankenhausinventar nach Bergen-Belsen. Koretz erwähnt, dass er und seine Kameraden einen Eisenbahnzug voll mit Medikamenten, medizinischen Geräten, Decken, Bekleidung und Einrichtungsgegenständen ins Lager transportieren mussten.[153] Darüber hinaus löschten sie an der Rampe Kohlenzüge und Bahnwaggons mit Barackenteilen oder auch Kartoffeln und Gemüse unter Beschimpfungen und Schlägen des SS-Personals. Oft dauerte es Stunden, bis die erschöpften Männer, an manchen Tagen waren es bis zu 70, die Waggons entladen hatten.[154] Der Soldat Friedrich Rust kam mit einem der Bahnhofskommandos zusammen, als er selbst mit einer Wehrmachtseinheit Holz von der Rampe abholen sollte. Nach kurzer Zeit, so Rust, näherten sich einige männliche Zivilisten, die von uniformierter SS bewacht wurden: »Sie waren sauber und gut gekleidet, normal genährt, sahen intelligent aus und hatten keinen Judenstern an der Kleidung.«[155] Mit bloßen Händen und unter dem Gebrüll der SS-Soldaten mussten die Häftlinge zwei Waggons mit Briketts löschen, die gleich neben dem für die Wehrmacht bestimmten Waggon standen. Als die Lok des Zuges plötzlich anzog, drohte einer der Häftlinge eingeklemmt zu werden, und Rust zog ihn mit einem Wehrmachtskameraden unter einem Waggon hervor. Die Bewacher, so Rust, reagierten nicht. Die beiden Wehrmachtssoldaten fragten sofort den »Ärmsten« nach seinem Namen und warum er in Bergen-Belsen sei:

---

[153] Koretz, S.43. Auch aus Westerbork sind im September 1944 mit dem letzten Transport Richtung Bergen-Belsen ärztliche Geräte und ein Operationssaal überführt worden. Samson, S. 282.

[154] Koretz, S. 42.

[155] Friedrich Rust, Erinnerungen an meine Dienstzeit in der Kaserne Bergen-Belsen von Anfang August 1944 bis Mitte März 1945, persönlicher Bericht (Gedenkstätte Bergen-Belsen).

Er nannte uns seinen Namen den ich vergessen habe und sagte, er sei ein holländischer Jude, die Unterhaltung wurde sofort von einem Posten beendet. Ich sehe noch heute den hellgelben verschmutzten Pullover dieses Mannes vor mir. Mir entfuhr: dafür haben wir nun unsere Knochen hingehalten! Wevel verstand sofort und sagte genau so leise: sieh Dir das an, wehe wenn wir den Krieg verlieren![156]

Tatsächlich erfolgte die Versorgung des Lagers aber hauptsächlich aus der näheren Umgebung. Claudia Dettmar ist es gelungen, im ZNW Anschreiben der Lagerverwaltung an das Ernährungsamt in Fallingbostel ausfindig zu machen, die gemäß der Zuteilungsperiode Lebensmittelaufstellungen enthalten und einige Unternehmen nennen, die mit dem KZ kooperierten. Es handelt sich um die beiden Großlieferanten Gemeinschaftswerk Versorgungsring GmbH aus Hannover-Laatzen und die Wülfeler Brotfabrik Georg Fiedler KG aus Hannover-Wülfel, sowie die Schlachtereien Kruse (Bergen) und Jensen (Westercelle) und die Bäckereien Brandes (Bergen) und Cordes (Walle). Hinzu kommen die Molkerei und der Landwirtschaftliche An- und Verkaufsverein aus Bergen und das Heeresverpflegungsamt, das seinen Standort auf dem Truppenübungsplatz hatte.[157] Häftlinge mussten in Begleitung von Wachsoldaten die Versorgungsgüter abholen. Gefahren wurde u.a. bis nach Celle und Hannover. Die Transportmittel, meistens LKW, bekam das Lager vom WVHA zugeteilt.[158] Zu einem dieser Transporte wurde die im August 1944 von Auschwitz nach Bergen-Belsen deportierte Polin Jadwiga Cieszewska einmal mitten in der Nacht geweckt. Unterwegs wurde ihr der Kontrast zwischen der düsteren Lagerwelt und dem Leben außerhalb des Zaunes mit aller Deutlichkeit bewusst: »In Celle sahen wir diese beleuchteten Fenster, wir weinten so sehr, da gab es ein normales Leben, wir sehnten uns so sehr danach...Diesen Anblick werde ich nie vergessen...«[159]

Den Aufzeichnungen Arieh Koretzs ist zu entnehmen, dass zumindest im September 1944 fast täglich LKW das Lager verließen. Koretz selbst war mehrmals im Heeres-

---

[156] Ebd.

[157] Quelle: ZNW, PRO, WO 235/21, Exhibits 145-147, in: Dettmar, S. 144-147.

[158] In seinem Schreiben an den Chef der Amtsgruppe D, Glücks, bittet Kramer eindringlich um die weitere Zuweisung von drei bis vier LKW, da die bereits vorhandenen für das Transportaufkommen nicht mehr ausreichten. Als Begründung erwähnt Kramer das durch feindliche Bombenangriffe zerstörte Schienennetz. Schreiben des Lagerkommandanten Josef Kramer an den Inspekteur der Konzentrationslager, Richard Glücks, über die Zustände im Lager Bergen-Belsen, 1. März 1945. Quelle: PRO, WO 309/17, in: Konzentrationslager Bergen-Belsen, S. 161.

[159] Interview mit Jadwiga Cieszewska (10. Oktober 1994, Gedenkstätte Bergen-Belsen).

verpflegungsamt und den umliegenden Dörfern, um Brot oder Gemüse abzuholen, welches oft schon faul und schimmlig war. Als Koretz mit zehn Leuten des »Gemüsekommandos« in das »kleine Nachbardorf Belsen« gefahren war, mussten sie verfaulte Zwiebeln und ein paar Kohlrabis aufladen. Da der begleitende Wachsoldat aber keinen Kohlrabi mit zurück ins Lager nehmen wollte, durften sie ihn während der Rückfahrt aufessen oder verschwinden lassen; nur stehlen sollten sie ihn nicht.[160] Bedingt durch seine Tätigkeit, bekam Koretz auch Kontakt zu den Menschen der Umgebung. In einem Tagebucheintrag vom 19. September 1944 berichtet er von einer Begegnung:

> Mit 10 Mann fuhren wir in das in der Nähe des Lagers gelegene Dorf zum Kartoffelaufladen. Als wir damit fertig waren, sprang das Lastauto nicht an und wir mußten es schieben. Als es dann nicht so ging, wie es der für das Transportieren verantwortliche Scharführer wollte, bekamen wir Schläge - zur Freude der deutschen Dorfbewohner, die danebenstanden.[161]

Konnte der aufgesuchte Betrieb nicht wie vereinbart liefern, fuhren die SS-Aufseher mit den Häftlingen oft andere Stellen an, um nach Möglichkeit die LKW nicht leer in das Lager zurückkehren zu lassen. Als z.B. ein örtlicher Bäckereibesitzer ihnen einmal mitteilte, dass es »heute für das Lager kein Brot gäbe«, fuhren sie zur Verladerampe weiter und luden Kartoffeln auf.[162] Koretz kannte die Gegend mittlerweile so gut, dass er sofort Angst bekam, als sie einmal einen ihm unbekannten Weg einschlugen. Tatsächlich fuhren sie zu einer Holzfabrik, um große Mengen Holzwolle aufzuladen. Auf der Rückfahrt beobachtete er interessiert die »bezaubernde« Landschaft der Lüneburger Heide.[163] Wie Koretz die Außenwelt wahrnahm, zeigt ein weiteres Beispiel vom 8. September 1944:

> Als wir aus dem Lager abfuhren, fuhren wir an dem russischen Kriegsgefangenenlager [ gemeint ist das Kriegsgefangenenlazarett »Zweiglager Bergen-Belsen«, S.M.] und dann am Truppenübungsplatz der Wehrmacht vorbei, der wie eine Stadt aussieht, Straßen und schöne Gebäude. Wir sahen dort viele Wehrmachtssoldaten bei den Übungen.[164]

---

[160] Koretz, S. 44.
[161] Ebd., S. 45.
[162] Ebd.
[163] Ebd., S. 45 f.
[164] Ebd., S. 38.

Auch für die Anlieferung von Lebensmitteln direkt bis in das Lager ließen sich einige Hinweise finden. In erster Linie waren es Bauern aus den nur wenige Kilometer entfernt liegenden Dörfern, die Gemüse an die Lagerverwaltung verkauften. Den Kontakt zu den Bauern stellte Kramer, wie er Richard Glücks mitteilte, u.a. durch den zuständigen Kreisbauernführer her.[165] Neben den Bauern, die ihre Waren selber mit Pferdefuhrwerken, Treckern und Anhängern ins Lager brachten, gab es auch Spediteure aus der Umgebung, die eine Verbindung zwischen Händler und Lager herstellten. Die Lieferanten fuhren direkt in das KZ hinein und stellten ihre Versorgungsgüter im Aufenthaltsbereich der SS ab, zum Entladen wurden KZ-Häftlinge eingeteilt.[166] Die wenigen Menschen aus der Region, die das Lager von innen gesehen haben, und dazu gehörten zum Großteil die Lieferanten, waren bemüht, die Situation der Häftlinge zu verharmlosen. Sie beziehen sich in ihren Aussagen auf die Zeit, in der nur wenige Evakuierungsmärsche in Bergen-Belsen eintrafen und erklären ihre Einschätzung durch die von ihnen gelieferte Nahrung oder das Aussehen der Menschen, wobei in dieser Beziehung besonders das Fehlen von Sträflingskleidung erwähnt wird.[167] Ein Bauunternehmer aus Winsen, der nach eigener Aussage überall im Lager freien Zutritt hatte, behauptet, dass er außer einer Ohrfeige, die ein SS-Mann einem Juden gab, bis zum Eintreffen der Evakuierungstransporte im Lager nichts gesehen oder gehört habe, was nach seinem Empfinden dort nicht hingehörte.[168] Wilhelm Niebuhr aus Bergen, der selbst nicht im Lager gewesen war, rekonstruierte anhand solcher Aussagen sein Bild von den Lebensumständen der Häftlinge. Er erzählte im Jahre 1947, dass es im Lager Bergen-Belsen »bestimmt nicht schlecht gewesen« sei und die Häftlinge dort gut gelebt hätten. Lieferungen ins KZ, so Niebuhr, wurden kurzerhand abgewiesen, wenn den »Abnehmern« irgendetwas nicht passte und »auf der Leine hing immer die feinste Wäsche.«[169] Claudia Dettmar machte während eines Interviews die Erfahrung, dass eine Zeitzeugin zunächst aufzählte, was an Lebensmitteln alles in das Lager geliefert wurde und es den Häftlingen demnach an nichts mangelte. Erst als das Tonband nicht mehr lief, erwähnte die Dame eher beiläufig, wie sie Lagerinsassen beobachtete, die sich auf das abgeladene Gemüse stürzten. Offensichtlich fiel ihr die Auseinandersetzung mit dem Teil dieser Erinnerung äußerst

---

[165] Konzentrationslager Bergen-Belsen, Kramer an Glücks, S. 161.
[166] Hermann Schulze aus Belsen, 21. April 1948, in: Schulze, Unruhige Zeiten, S. 305.
[167] Ebd. u. Dettmar, S. 34.
[168] SHF, Winsen 299/15: Herr G., 25. Juli 1947.
[169] SHF, Bergen 294/17: Lehrer Wilhelm Niebuhr, 4. August 1947.

schwer.[170] Auch ein Landwirt aus der Region zeigt rückblickend keine Reaktion auf den von ihm geschilderten Vorfall. Er erhielt den Auftrag, abgebaute Baracken aus Bergen-Belsen nach Celle zu bringen und konnte durch den SS-Bereich hindurch bis ins eigentliche Häftlingslager fahren, wo ihm ausgemergelte jüdische Frauen und Mädchen die schweren Barackenteile auf die Anhänger tragen mussten. Die Frauen wurden dabei von einem SS-Soldaten einige Male schwer geschlagen und getreten. Als der Soldat zum Mittagessen verschwand, nutzte der Landwirt die Gelegenheit und sprach die Frauen an. Sie sagten ihm, dass sie aus Lodz kämen und nicht viel zu essen hätten. Als der SS-Mann zurückkehrte, wurden die Wagen voll geladen und der Landwirt fuhr mit seiner Ladung davon.[171]

Auch anhand der Versorgung des KZ Bergen-Belsen lässt sich deutlich machen, dass das Lager stärker in sein Umfeld eingebunden war, als allgemein angenommen und von den Bewohnern der Region Bergen zugegeben wurde. Bei einigen Zeitzeugenberichten fällt darüber hinaus auf, dass die Zustände im Lager und die Behandlung der Häftlinge relativiert, mitunter banalisiert werden. Der Sachverhalt, dass Menschen gegen ihren Willen und gegen jedes Recht und jede Moral hinter Stacheldraht eingesperrt waren, wird in den Aussagen überhaupt nicht erwähnt.

### 3.2.3 Der Arbeitseinsatz der Häftlinge

Bis zum Jahr 1941 waren die Kommandanten der Konzentrationslager für den Arbeitseinsatz der KZ-Häftlinge verantwortlich. Einer der Gründe für diesen kurzen Befehlsweg ist sicherlich im Wirkungskreis der Häftlinge zu suchen; sie wurden vorwiegend im Lagerbereich oder in den SS-eigenen Wirtschaftsunternehmen eingesetzt. Nach der Gründung des WVHA lag die Entscheidungsgewalt über alle wichtigen Einsätze in den Händen der Amtsgruppe D. Die KZ-Häftlinge wurden nun verstärkt in der Rüstungsindustrie und nach einer Weisung Hitlers ab Herbst 1942 generell in der Privatwirtschaft und in staatlichen Einrichtungen als Arbeitskräfte verwendet.[172] Im Spätsommer 1944 arbeiteten neben ca. 5,9 Millionen Ausländern und fast 2 Mil-

---

[170] Interview mit E. Becker (Name geändert), 26. April 1997, in: Dettmar, S. 46 f.

[171] Die einzige Reaktion des Landwirtes auf sein Erlebnis war, dass er angeblich nicht in das Lager gefahren wäre, wenn er von den dort herrschenden Zuständen etwas geahnt hätte. Zander (Gedenkstätte Bergen-Belsen).

[172] Kaienburg, KZ-Haft, S. 56-58.

lionen Kriegsgefangenen etwa 400.000 KZ-Häftlinge unter grausamen Bedingungen im Deutschen Reich.[173]

Zuständige Instanz für alle Fragen bezüglich des Einsatzes der Häftlinge war das Amt D II unter Leitung von Standartenführer Maurer. Im Amt D II wurden zum einen die Bedingungen festgelegt, die für die Arbeitskommandos in den Konzentrationslagern galten, z.B. die Dauer eines Arbeitstages, zum anderen aber auch die Verträge ausgearbeitet, die das WVHA mit den Industrieunternehmen abschloss. Kriterien der Vertragsabschlüsse waren die Anzahl der Häftlinge, die für den jeweiligen Einsatz benötigt wurden, die Art der Tätigkeit, die Unterbringungs- und Verpflegungsmöglichkeiten sowie die Höhe des Entgeltes, das die Unternehmen abführen mussten. Je nach Arbeitsanforderung galt ein Satz von zwei bis sechs Reichsmark pro Tag und Häftling.[174]

Über die Arbeitsbedingungen und Arbeitskommandos in Bergen-Belsen ist durch verschiedene Zeitzeugenberichte einiges bekannt. Viele Häftlinge sind innerhalb des Lagers eingesetzt gewesen und sorgten dafür, dass der interne Lagerbetrieb möglichst autark vonstatten gehen konnte. Sie arbeiteten u.a. als Elektriker, Schneider, Flickschuster oder in einer Schmiede. Auch für Dachdecker bzw. Kanalisations- und Installateurarbeiten wurden Häftlinge eingesetzt. Andere waren für die Sauberkeit des Geländes verantwortlich.[175] Das größte Arbeitskommando war das sogenannte »Schuhkommado«. In einer Baracke mussten die Häftlinge des Sternlagers alte Schuhe, die aus dem westdeutschen Raum nach Bergen-Belsen verfrachtet wurden, auftrennen und die noch brauchbaren Lederstücke herausschneiden. Das WVHA legte fest, dass in Bergen-Belsen ein Arbeitszwang für alle Männer zwischen 15 und 65 und für alle Frauen zwischen 15 und 55 Jahren herrschte. Eigentlich betrug die Arbeitszeit wöchentlich 72 Stunden, sie wurde aber durch das schikanöse Verhalten der Arbeitseinsatzführer oft verlängert. Gerade in den Küchenkommados, die sehr be-

---

[173] Gruner, S. 813 f. Näheres zum Themenkomplex KZ-Häftlinge als Zwangsarbeiter u.a. bei Ulrich Herbert (Hg.), Europa und der »Reichseinsatz«. Ausländische Zivilarbeiter, Kriegsgefangene und KZ-Häftlinge in Deutschland, Fulda 1991 u. »Deutsche Wirtschaft«. Zwangsarbeit von KZ-Häftlingen für Industrie und Behörden. Herausgegeben von der Hamburger Stiftung zur Förderung von Wissenschaft und Kultur, Hamburg 1991.

[174] Jäckel/Longerich/Schoeps, S. 1606.

[175] Kommandantur des KZ Bergen-Belsen: Übersicht über Anzahl und Einsatz der weiblichen Häftlinge, 15. März 1945, in: Konzentrationslager Bergen-Belsen, S. 143 u. Wie wir in Belsen lebten. Ein Rückblick von Rudolf Küstermeier, in: Sington, S. 100.

gehrt waren, da man dort unter Umständen die kargen Essensrationen etwas aufbessern konnte, mussten die Häftlinge mitunter 18 Stunden täglich arbeiten.[176]
Über Häftlinge, die Lebensmittel etc. von der Rampe oder umliegenden Firmen abholen mussten, wurde bereits berichtet. Es gab aber noch mehr Einsatzbereiche, die ebenfalls eng mit der Versorgung des Lagers zusammenhingen. Die Aufgabe eines »Stubbenkommandos« war es, die Wurzeln abgesägter Bäume auszugraben, die dann als Brennstoff für die Beheizung der Küchenkessel und Barackenöfen genutzt wurden. Die Angehörigen dieses Kommandos verließen am frühen Morgen das Lager und arbeiteten bis zum Einbruch der Dunkelheit in den umliegenden Wäldern. Entweder gingen sie zu Fuß in den Wald oder sie fuhren mit Treckern und Anhängern in etwas entferntere Regionen. Renata Laquer und Schlomo Samson beschreiben eindringlich, wie schwer es gerade im Winter für die Menschen war, mit primitiven Werkzeugen die Wurzeln aus dem gefrorenem Boden freizuhacken.[177] Andere Häftlinge wurden in Kommandos eingeteilt, die in den Wäldern Blaubeeren oder Preiselbeeren sammelten oder von umliegenden Feldern Kartoffeln und Steckrüben ins Lager beförderten. Die Kommandos waren unterschiedlich stark belegt; Maria Gniatczyk berichtet, dass an manchen Tagen 40-50 Frauen zum Sammeln von Preiselbeeren ausrückten. Unabhängig von der scharfen Bewachung durch SS-Soldaten mit Hunden kam für sie und ihre Kameradinnen eine Flucht nicht in Betracht: »Denn wohin, wie? Mit unseren kahlgeschorenen Köpfen, mit den roten Streifen auf dem Rücken, fremde Bevölkerung, Flucht kam also nicht in Frage.«[178]
Auch mit diesen Arbeitskommandos kam die umliegende Bevölkerung durchaus in Kontakt, entweder, weil sich Personen wie z.B. der Forstamtmann Modrow beruflich im Waldbereich aufhielten, oder bei eher zufälligen Begegnungen. Modrow hatte einmal Menschen aus dem Lager beim Holzsammeln beobachtet, kam aber auch direkt mit KZ-Häftlingen zusammen, als die Lager-SS ihn im Jahr 1945 um starke Bäume bat, die für eine Funkanlage gebraucht wurden. Einige Häftlinge aus dem KZ mussten die Bäume fällen, was ihnen laut Modrow schwer fiel, weil sie »wohl schon

---

[176] Kolb, Bergen-Belsen 1962, S. 73.
[177] Laquer, S. 91 u. Samson, S. 252-256.
[178] Interview mit Maria Gniatczyk (3. Oktober 1994, Gedenkstätte Bergen-Belsen). Von der Zeit in einem Preiselbeerkommando erzählt auch Jadwiga Cieszewska (10. Oktober 1994, Gedenkstätte Bergen-Belsen). Die Polin Irena Jaszczuk war im Kartoffelkommando eingeteilt und erinnert sich an die Sammlung von Steckrüben, die vom Feld direkt in das SS-Magazin des Lagers gebracht worden sind. (13. Oktober 1994, Gedenkstätte Bergen-Belsen).

etwas hungrig [waren]«.[179] Bernd Wessling berichtet in seiner Autobiographie, wie der Dorfelektriker »Blitz-Karl« eine Überlandleitung reparierte und

> plötzlich in einem nahegelegenen Waldstück einen Trupp Menschen sah, der niedergemachte Tannen kahlschlug. Frauen und Männer. In einem schaurigen Aufzug. [...] Hungergesichter, wandelnde Skelette. Und dann hatte er gesehen, wie vier oder fünf Frauen sich auf frische Birken stürzten und deren Zweige benagten, anfraßen. Vor Hunger! Dann knallte es.[180]

Der Elektriker beobachtete, wie SS-Soldaten einige der Häftlinge erschossen und vertraute sich anschließend Wesslings Mutter an, um ihr von dem Geschehnis zu erzählen. Weniger dramatisch war die Begegnung zwischen dem Soldaten Friedrich Hemme, der sich zur Regeneration in einem Wehrmachtslazarett auf dem Truppenübungsplatz aufhielt, und einigen Frauen und Kindern aus Bergen-Belsen, die im Wald Blaubeeren pflückten. Im Juli 1944 stieß Hemme beim Spazierengehen auf die kleine Gruppe und konnte sowohl mit den Häftlingen als auch einem Wachsoldaten kurz ins Gespräch kommen.[181]

Wie in Kapitel 3.1 dargestellt, wurden Häftlinge aus Bergen-Belsen nicht nur für eigene Lagerzwecke und in der Lagerwirtschaft eingesetzt, sondern sie mussten ab Sommer 1944 auch Zwangsarbeit in KZ-Außenlagern, z.B. von Neuengamme und Buchenwald, und in verschiedenen Rüstungsbetrieben leisten. Im März 1945 waren nach einer Übersicht der Kommandantur 1.550 weibliche Häftlinge in den Firmen Schwarz&Co, Kellinghausen, Karl Ehlers, Hamburg und Meyer jr. in Hamburg-Harburg beschäftigt, die alle drei zu den Deutschen Ausrüstungswerken der SS gehörten.[182]

Mit der Ankunft der ersten großen Deportationszüge aus dem Osten gründete Bergen-Belsen in den Monaten August/September 1944 auch drei eigene Außenlager. Das größte der drei Außenlager befand sich in Unterlüß-Altensothrieth. Die weiblichen Häftlinge waren zumeist in der Munitionsfabrik der Rheinmetall Borsig AG eingesetzt, wo sie in Fließbandarbeit Patronen und Granaten mit Sprengstoff füllen mussten.[183] Die im Schnitt 500-600 Häftlinge waren in einem von Stacheldraht umzäunten Barackenlager in der Nähe der Fabrik untergebracht. Die Frauen, die nicht in der

---

[179] SHF, Wardböhmen (Bergen) 299/21: Forstamtmann Hans Modrow, 7. August 1947.
[180] Wessling, S. 56.
[181] Interview mit Friedrich Hemme (21. Januar 1991, Gedenkstätte Bergen-Belsen).
[182] Konzentrationslager Bergen-Belsen, S. 142.
[183] Plattner, S. 74 f.

Munitionsfabrik tätig waren, arbeiteten u.a. im Straßenbau; die Lehrer Wilhelm Kröger und Robert Busse berichten:

> Die Mädchen haben uns leid getan, sie wurden nicht behandelt wie Menschen, sie trugen KZ-Kleidung und mußten schwer arbeiten, unter anderem Straßenarbeiten, Steine klopfen und karren, sie haben auch in Neulüß im Füllwerk gearbeitet. [...] Sie sahen sehr elend aus und machten einen niedergedrückten Eindruck, sie stammten wohl aus allen Bevölkerungsschichten, hatten geschorenes Haar und waren völlig von der Welt abgeschnitten, sie kannten nur den Weg vom Lager und zurück.[184]

Etwa 400 Jüdinnen, der Großteil von ihnen aus Polen, verrichteten Zwangsarbeit in dem KZ-Außenlager Hambühren-Ovelgönne. Ihr Einsatz erfolgte bei der Hauptmunitionsanstalt der Luftwaffe in Hambühren, kurz »Luftmuna« genannt, oder in dem Kali- und Erdölunternehmen Wintershall AG.[185] Auch die in Hambühren arbeitenden und lebenden Frauen wurden von der Bevölkerung wahrgenommen. Die Landwirtin Frieda Glier konnte anscheinend nicht verstehen, dass die Jüdinnen nur wenig zur Aufrechterhaltung der deutschen Kriegsproduktion beitragen konnten und wollten:

> Die Jüdinnen, die hier waren, arbeiteten an der Oldauer Straße, etwa 40 bis 50 Frauen; sie luden Steine ab und bauten das Fundament für Baracken in der Ausschachtung. [...] Die Jüdinnen sahen ganz gesund aus. Viel Interesse an der Sache hatten sie nicht. Manche hatten gestreifte KZ-Kleidung an, manche Zivilkleidung. Die Witterung war noch günstig, als sie draußen arbeiteten.[186]

Aus der Sicht ehemaliger Häftlinge sind die Berichte von Esther Reiss und Isabelle Choko zu erwähnen. Beide arbeiteten ebenfalls im Außenlager Hambühren-Ovelgönne, u.a. auch im Straßenbau. Choko erzählt in ihren Erinnerungen von einem Erlebnis, das sich auf ihrem ersten Weg vom Lager zur Arbeitsstelle ereignete:

> Von sechs Uhr morgens an setzen sich die Kolonnen in Sträflingskleidung in Marsch. Der Weg erscheint mir lang. Dennoch ist es der Weg, den ich mir künftig morgens und abends entleihen werde. Wir durchqueren ein Dorf. Zu meinem großen Erstaunen stelle ich fest, dass es immer Menschen gibt, die normal leben: Alle in richtigen Häusern, umgeben von richtigen Gärten, wo glückliche

---

[184] Wilhelm Kröger und Robert Busse aus Unterlüß, 2. Juni 1948, in: Schulze, Unruhige Zeiten, S. 255.
[185] Plattner, S. 75 u. Wenck, Menschenhandel, S. 345. Zum Außenlager Hambühren vgl. Annette Wienecke, »Besondere Vorkommnisse nicht bekannt.« Zwangsarbeit in unterirdischen Rüstungsbetrieben. Wie ein Heidedorf kriegswichtig wurde, Bonn 1996.
[186] Frieda Glier aus Ovelgönne, 26. Juni 1947, in :Schulze, Unruhige Zeiten, S. 94.

Kinder spielen. Während wir marschieren, laufen Kinder zusammen, bewerfen uns mit Steinen und schreien: ›Jude, Jude!‹ Ich mache mir klar, dass wir nicht mehr der selben Welt angehören. Wir sind ausgegrenzte Kreaturen.[187]

Das Außenlager Bomlitz lag nicht wie die anderen beiden Außenlager auf dem Gebiet des Landkreises Celle, sondern gehörte zu Fallingbostel. Es existierte nur 6 Wochen. In Bomlitz errichtete die Firma Wolf&Co, später EIBIA GmbH, Mitte der dreißiger Jahre eine der größten Pulverfabriken des Dritten Reiches. Die gesamte Anlage war ausgezeichnet getarnt und konnte bis zum Kriegsende die Produktion aufrechterhalten. In den letzten Kriegswochen bestand die Belegschaft zu 80% aus Zwangsarbeitern, die ihre Tätigkeit entweder in unterirdischen oder im Wald verborgenen Anlagen verrichten mussten. Von Anfang September bis Mitte Oktober 1944 wurden 600 polnische Jüdinnen aus Bergen-Belsen in der Nähe der Fabrik in einem eigens eingerichteten und gut bewachten Barackenlager untergebracht. Die Frauen arbeiteten in der Pulverproduktion der EIBIA-Werke oder im Gleisbau für die Werkbahn. Die Bevölkerung beobachtete die kahlgeschorenen Frauen, wenn sie in Häftlingskleidung und langen Kolonnen das Lager auf dem Weg zum Arbeitseinsatz verließen. Einige Bewohner aus der Region erinnerten sich auch, abgemagerte und erschöpfte Frauen in Häftlingskleidung gesehen zu haben, die im Gleisbau beschäftigt waren und mit bloßen Händen im Bahnschotter gruben.[188] Am 15. Oktober 1944 wurden die 600 Frauen dann für kurze Zeit zurück nach Bergen-Belsen gebracht und später in ein Außenlager des KZ Buchenwald überführt, wo sie ebenfalls in einer Sprengstofffabrik Zwangsarbeit verrichten mussten. Das Außenlager Bomlitz wurde daraufhin wieder aufgelöst.[189]

### 3.2.4 »Sie hatten alles, nur keine Freiheit«: Beispiele für weitere Berührungspunkte

In einigen Aktenbeständen und Zeitzeugenberichten haben sich noch eine Reihe weiterer Berührungspunkte zwischen dem KZ Bergen-Belsen und seinem Umfeld finden lassen. Der Amtsgerichtsrat Ernst von Briesen aus Bergen war von Frühling bis Dezember 1944 einige Male im Lager, um für auswärtige Gerichte KZ-Häftlinge

---

[187] Isabelle Choko, Ma première vie (Mein erstes Leben). Übersetzung von Waltraud Siano (Gedenkstätte Bergen-Belsen).
[188] Plattner, S. 76 ff.

in Testaments- oder Ehescheidungsangelegenheiten zu vernehmen. Die Häftlinge wurden bei anstehenden Vernehmungen aus dem eigentlichen Hauptlager, das Briesen nie betrat, in eine Baracke des Verwaltungsbereiches der SS geführt, wo der Amtsrichter auf sie wartete. Während er wartete, hörte Briesen aus der Entlausung, die ebenfalls im Verwaltungsbereich lag und die er als Badeanstalt-Entlausungsanstalt bezeichnete, »Lachen und Kreischen von Frauen, die mir dort Spaß zu machen schienen.«[190] Das scheint jedoch sehr weit her geholt, wenn man bedenkt, wie würdelos der Vorgang der Entlausung gerade für Frauen von statten ging. Zur Verdeutlichung ein Tagebucheintrag von Renata Laquer vom 19. März 1944:

Die Duschen befanden sich in einem großen, feuchtmuffigen Raum mit Zementfußboden. [...] Die Kleider wurden auf einen Wagen gehängt, der, während die Häftlinge duschten, in einen großen ›Ofen‹ gefahren wurde. Hier erhitzte man sie so, daß alles Ungeziefer umkam. [...] Die SS-Männer standen ›auf Posten‹ und sahen zu, während die Frauen sich auskleideten und auch beim Duschen. [...] Nach dem Bad hatten wir in einer Reihe in einem eiskalten, feuchten Raum anzutreten und auf den Arzt zu warten, der unsere Haare nach Ungeziefer durchsuchen sollte. [...] Nach dem Entlausungsraum ging die ›Parade der Nackten‹ an ihren Bewachern vorbei in eine noch größere Halle. Hier stand bereits der Kleiderwagen.[191]

Nach Aussage Briesens versuchte er bei den Vernehmungen, wenn die SS-Posten gerade nicht gegenwärtig waren, die Häftlinge immer nach ihren Lebensumständen zu befragen. Die Leute, so Briesen, zuckten dann die Achseln und sagten, dass es eben ein KZ sei, sie aber sonst keine besonderen Klagen hätten. Überhaupt vermeinte der Amtsrichter bei den Häftlingen weder Misshandlungen noch Hungererscheinungen erkennen zu können. Bei seiner letzten Vernehmung im Dezember 1944 sprach er mit einer jüdischen Frau, die ebenfalls keine Klagen zu äußern schien: »Sie sagte nur, sie hätte solche Angst, wovor habe ich nicht gehört und nahm an, daß sie von ihren Mitgefangenen verängstigt war.«[192] Die nahe liegende Vermutung, dass eine Jüdin, die sich im Jahre 1944 in einem von der SS befehligten und bewachten Lager befand, um ihr Leben fürchtete, und darüber hinaus sich nicht traute, einem fremden Menschen, dazu einer deutschen Amtsperson, ihre Klagen anzuvertrauen, schien dem Amtsgerichtsrat nicht in den Sinn zu kommen. Briesen, der sich in der Nachkriegszeit um ei-

---

[189] Ebd. Vgl. zum Außenlager Bomlitz auch H. Matthiesen, Geheime Reichssache EIBIA, Walsrode 1987.
[190] SHF, Bergen 294/17: Amtsgerichtsrat Ernst von Briesen, 16. Februar 1948.
[191] Laquer, S. 14 f.
[192] SHF, Bergen 294/17: Amtsgerichtsrat Ernst von Briesen, 16. Februar 1948.

ne Relativierung des in Bergen-Belsen begangenen Unrechts bemühte, schrieb im Jahr 1950 einen ausführlichen Bericht über das KZ mit dem bezeichnenden Titel »Wie steht es in Wahrheit mit Belsen?«, der in Kapitel 5.1 ausführlich behandelt wird.

Nahezu täglich stand die Lagerverwaltung mit der Postleitstelle im Ort Belsen in Verbindung. In einer kleinen Baracke befand sich das Lagerpostamt der Wehrmacht, das nicht nur für die auf dem Truppenübungsplatz stationierten Wehrmachtseinheiten zuständig war, sondern auch für das Austausch- und Konzentrationslager. Hier wurden alle Telefonate in und aus dem Lager vermittelt und eine Sammelstelle für die Post der Wehrmacht und des Lagers eingerichtet. Ein Postabholer sorgte täglich für den Transfer der Postsäcke zwischen Lager und Amt, die in den ersten Monaten noch von Häftlingen auf- und abgeladen wurden. Der Postabholer berichtete u.a. der Telefonistin regelmäßig von der Situation im Lager und sagte ihr, dass es den Häftlingen nicht schlecht gehe.[193] Als sich ab Mitte 1944 die Zustände in Bergen-Belsen verschlechterten, begann die Telefonistin heimlich Gespräche, z.B. zwischen Josef Kramer und dem RSHA in Berlin, abzuhören. Wie oft sie Gespräche abhörte und welche Details sie erfuhr, ist nicht klar, da sie laut Claudia Dettmar, die die Telefonistin interviewte, nur ungern über dieses Thema sprach. Sie sagte aber, dass ab Anfang 1945 im Familienkreis über das Lager gesprochen wurde.[194]

Die räumliche Nähe zwischen Lager, Truppenübungsplatz und umliegenden Ortschaften kann sicherlich als ein Hauptgrund dafür gelten, dass das Austausch- und Konzentrationslager Bergen-Belsen Bestandteil der öffentlichen Wahrnehmung war. Wehrmachtssoldaten und Volkssturmeinheiten, die auf dem Übungsplatz Gefechtsübungen abhielten, stießen manchmal bis zum Lagerzaun vor und beobachteten das Treiben hinter dem Stacheldraht.[195] Justus Woell, Ausbilder in der Panzertruppenschule Bergen, traf mit seiner Gruppe im Rahmen einer Gefechtsübung auf eine Frau, die mit ihrem Baby aus dem Lager geflohen war. Die Soldaten ließen nach einem kurzen Gespräch die Frau und das Baby, die nach Woell nur noch aus Haut und Knochen bestanden, im Wald zurück und machten Meldung bei einem Offizier. Drei Tage später wurde Woell befohlen, dass er den gemeldeten Vorfall zu vergessen habe.[196]

---

[193] Dettmar, S. 49 f.
[194] Frau Niemeyer (Name geändert) aus Offen, 9. Januar 1997, in: Dettmar, S. 49 f.
[195] SHF, Jarnsen 297/1: Bauer Albert Brockmann, o.J.
[196] Woell, Sonderbeilage der Baunataler Nachrichten.

Wie schon zur Zeit des Kriegsgefangenenlagers haben sich Menschen aus der Umgebung aber auch ohne speziellen Auftrag dem Lager genähert und versucht, einen Blick hinein zu werfen.[197] Die Annäherung erfolgte jedoch nicht nur aus Neugier und Zufall, sondern auch aus Kalkül. Ein Bürger aus Walle berichtet, wie im April 1945, als die Alliierten Bombenabwürfe und Tieffliegerangriffe auch im Landkreis Celle verstärkten, Menschen aus der Region mit vollbeladenen Wagen in Richtung Belsen zogen, »weil da in der Nähe das Gefangenenlager war, da schossen sie nicht hin«.[198] Sicherlich kann man davon ausgehen, dass nur eine Minderheit tatsächlich versuchte, sich dem Lager zu nähern, aber man musste auch nicht direkt davor stehen, um von seiner Existenz Kenntnis zu nehmen. Käthe Lontzeck erwähnt beispielsweise, wie die Bevölkerung das hell beleuchtete Lager bei Bombenalarm wahrnahm und die Häftlinge »ehrlich« beneidete, »weil sie sich nicht zu fürchten brauchten, sie hatten alles, nur keine Freiheit.«[199] Eines muss darüber hinaus allen Menschen gegenwärtig gewesen sein: Der bestialische Gestank der Leichenverbrennungen in Bergen-Belsen. Es gab im Lager nur ein kleines Krematorium, das für die Verbrennung der vielen Toten bei weitem nicht ausreichte. Deshalb wurden die Leichen zusammen mit einigen Lagen Holz zu hohen Stößen aufgeschichtet und anschließend mit Dieselöl übergossen und angezündet. Die daraus resultierenden Rauchwolken und der Geruch wurden von der Bevölkerung auch noch in einigen Kilometer Entfernung wahrgenommen.[200] Die Verbrennungen wurden im März 1945 eingestellt, weil sich die Forstverwaltung über die Verwendung von Holz für diesen Zweck beschwerte und die Soldaten des Truppenübungsplatzes sich durch den Gestank belästigt fühlten. Erst jetzt wurden die Toten in Massengräber geworfen, im Lagergelände zu Haufen aufgeschichtet oder einfach dort liegengelassen, wo sie gestorben waren.[201]

---

[197] Interview mit Hertha Gast (25. September 1990, Gedenkstätte Bergen-Belsen) u. Oberleutnant H.Glag/ Hauptmann Schumacher, Lage und Ereignisse im März/April 1945 im Raum Bergen-Belsen. Vierseitiges maschinenschriftliches Manuskript, notiert im Juni 1981 in Hannover (Gedenkstätte Bergen-Belsen).

[198] SHF, Walle 299/20: Bürgermeister Heinrich Brockmann, o.J.

[199] SHF, Bergen 294/17: Käthe Lontzeck, 20. April 1960. Eine Aussage, dass das »Judenlager« der beste Schutz für Bergen sei, weil in seiner Nähe keine Bomben fallen, findet sich auch in: SHF, Bergen 294/17: Bertha Wismer, 7. April 1949.

[200] Vgl. u.a. die Interviews mit Herrn Hamann (11. September 1988, Gedenkstätte Bergen-Belsen) u. Hertha Gast (25. September 1990, Gedenkstätte Bergen-Belsen) u. das Gespräch von Marie Schäfer mit Hanna Fueß in SHF, Hörsten 296/29.

[201] Kolb, Bergen-Belsen 1962, S. 148.

Zum Schluss möchte ich noch auf einen eher ungewöhnlichen Berührungspunkt zwischen KZ und Außenwelt hinweisen: Wenigstens ein weiblicher Häftling aus Bergen-Belsen kam im Frühjahr 1944 zur Entbindung in ein Celler Krankenhaus. Die Angelegenheit zog die Aufmerksamkeit vieler Häftlinge auf sich, da die Frau bei ihrer Rückkehr Nachrichten von der Front mitbrachte und sich aus ihrem Aufenthalt die sogenannte »Szopowa-Affäre« entwickelte. Szopowa, so der Name der Frau, schmuggelte Postkarten anderer Häftlinge aus dem Lager und nahm telefonisch Kontakt mit der arischen Tochter einer Gefangenen aus Leipzig auf. Sie wurde aber erwischt, was die Deutschen dazu bewog, eine Untersuchung anzuordnen.[202] Jozef Gitler-Barski erwähnt darüber hinaus in seinem Tagebuch ein verletztes Kind, das am 8. April 1944 vorübergehend in ein Kinderkrankenhaus nach Celle kam. Auf dem Bett des achtjährigen Mädchens war eine Tafel mit der Aufschrift »Jüdin« angebracht. Im Gegensatz zu den anderen Kindern der Station wurde es bei der Verteilung von Obst nicht berücksichtigt und durfte auch nicht mit in den Luftschutzkeller, als Fliegeralarm ausgelöst wurde.[203]

### 3.2.5 Das SS-Personal

Im Verlauf dieser Studie konnte bereits anhand einiger Beispiele gezeigt werden, wie die Häftlinge das SS-Personal wahrgenommen haben. In diesem Abschnitt soll im Vordergrund stehen, wie sich die vorwiegend aus Männern bestehenden SS-Einheiten zusammensetzten und wie sie in ihr Umfeld eingebunden waren.[204] Des Weiteren soll skizziert werden, wie sich ihr Verhalten und ihre Tätigkeit im KZ Bergen-Belsen in den Augen der Bevölkerung widerspiegelte.

Insgesamt waren in der Zeit von 1943 bis 1945 ca. 450 SS-Angehörige in Bergen-Belsen, wobei selten mehr als 80-100 SS-Angehörige auf einmal im Lager waren. Das zahlenmäßige Verhältnis zwischen SS und Häftlingen war damit im Vergleich zu

---

[202] Jozef Gitler-Barski, »Aufenthaltslager« Bergen-Belsen. Tagebuch eines Häftlings. Übersetzung aus dem Polnischen von Katarzyna Preuss-Beranek (Gedenkstätte Bergen-Belsen).

[203] Ebd.

[204] Offiziell war bis zum Winter 1944/45 kein weibliches Aufsichtspersonal im KZ Bergen-Belsen eingesetzt. Erst im Rahmen der zahlreichen Evakuierungstransporte kamen SS-Aufseherinnen nach Bergen-Belsen, die zuvor u.a. in Auschwitz tätig waren. Die Aufseherinnen gehörten zum SS-Gefolge und waren rangmäßig nicht mit ihren männlichen Kollegen im KZ zu vergleichen. Zum Gefolge gehörten auch SS-Ärztinnen- und Krankenschwestern und Nachrichtenhelferinnen. Heike, S. 224.

anderen Konzentrationslagern äußerst gering.[205] Da der Personalbestand durch zahlreiche kriegsbedingte Ab- und Zugänge stark fluktuierte, z.B. wurden an die Front versetzte SS-Männer durch Volksdeutsche oder zwangsverpflichtete Wehrmachtssoldaten ersetzt, war die Gruppe der in Bergen-Belsen lebenden SS-Angehörigen sehr heterogen. Alexandra-Eileen Wenck, die sich anhand von Personalakten und Gerichtsprotokollen eingehend mit dem in Bergen-Belsen tätigen SS-Personal befasst hat, kommt zu dem Ergebnis, dass die überwiegende Mehrheit dieser Gruppe ihren Dienst als »normale Kriegssituation« empfand und kein subjektives Verantwortungs- und Schuldbewusstsein für ihr Tun entwickelte.[206] Viele waren durchschnittliche, unauffällige und alles in allem, so Wenck, erschreckend normale Menschen, die sich nach ihrer Gefangenschaft relativ problemlos in die deutsche Nachkriegsgesellschaft einfügten und oft Entschädigungsanträge stellten.[207] Das Fazit von Wenck, dass die scheinbare Normalität des SS-Personals zu einer »Entdämonisierung der Täter« führen kann, die eben nicht nur aus ideologischer Überzeugung, sondern auch aus gruppendynamischen Prozessen und einer allmählichen Gewöhnung an ritualisierte Gewalt zu Tätern wurden, erinnert auffallend an die Untersuchung des in Washington lehrenden Historikers Christopher R. Browning, der sich umfassend mit den »ganz normalen Männern« des Reserve-Polizeibataillon 101 beschäftigte.[208] Browning kam zu dem Ergebnis, dass bei den Angehörigen des Bataillons, die von Juli 1942 bis November 1943 bei »Säuberungsaktionen« in Polen mindestens 38.000 Juden erschossen haben, neben einem durch ideologische Indoktrination geprägten Antisemitismus gruppendynamische Verhaltensweisen eine erhebliche Rolle spielten.[209]

Leider weiß man bis heute nicht sehr viel über das Leben des SS-Personals in und mit der Region Bergen, so dass lediglich einige Angaben über ihre Wohnverhältnisse und

---

[205] Wenck, Menschenhandel, S. 134 f. Wie in anderen KZs setzte die SS auch in Bergen-Belsen ausgewählte Häftlinge als Aufsichtspersonal ein. Viele dieser »Funktionshäftlinge«, meist »Kapos« genannt, übten ihre Tätigkeit ganz im Sinne der SS mit großer Brutalität aus.

[206] Ebd., S. 136.

[207] Ebd. Ein Beispiel ist die SS-Aufseherin Ingeborg Krüger, die in den Lagern Bergen-Belsen, Auschwitz und Ravensbrück ihren Dienst versah. Krüger stieg in den 50er Jahren bis zur Obermeisterin der Kölner Kriminalpolizei auf, bevor sie im Jahre 1960 aus dem Polizeidienst entlassen wurde, weil herauskam, dass sie unwahre Angaben über ihren Lebenslauf machte. Ehemalige KZ-Wärterin aus Polizeidienst entlassen, in: Frankfurter Rundschau vom 4. Juni 1960.

[208] Christopher R. Browning, Ganz normale Männer. Das Reserve-Polizeibataillon 101 und die »Endlösung« in Polen, Hamburg 1997.

[209] Ebd., S. 241.

ihr Freizeitverhalten möglich sind. Während die alleinstehenden Männer im SS-Bereich des Lagers lebten, waren Angehörige, deren Ehefrauen oder Familien nachfolgten, oft bei Bauern in den umliegenden Dörfern untergebracht oder wohnten in eigens für sie angemieteten Wohnungen in den Gemeinden Winsen und Bergen. Der erste Lagerkommandant, Adolf Haas, wohnte in einem Gasthaus des nächstgelegenen Dorfes, in dem am Wochenende Tanzvergnügen stattfanden, an denen sowohl SS-Angehörige als auch die Bevölkerung der umliegenden Ortschaften teilnahm.[210] Kontaktmöglichkeiten zwischen SS und Bevölkerung waren also durchaus gegeben. Friedrich Hemme aus Winsen, der 1944 als verletzter Wehrmachtssoldat zur Regeneration in ein Lazarett auf dem Truppenübungsplatz kam, berichtet dann auch von einem Zusammentreffen mit einigen SS-Soldaten. Hemme, der als »Freigänger« das Lazarett verlassen konnte, stößt in Winsen im Schwimmbad auf einige SS-Männer, mit denen er ein kurzes Gespräch führt. Etwas später trifft er die Gruppe in einer Gaststätte wieder, was für Hemme nicht ungewöhnlich ist, denn »die waren ja überall.«[211] Auf seine Frage, was sie hier eigentlich zu tun hätten, antworten sie nur abwehrend, dass ihn das nichts anginge. Abschließend erwähnt Hemme noch, dass er einen regelrechten »Kuttenneid« gegenüber den SS-Männern verspürt, da sie in ihren schicken Uniformen die Mädchen der Umgebung anlockten.[212]

Neben der Aussage von Friedrich Hemme findet man Hinweise auf Kontakte zwischen SS und Bevölkerung z.B. in der SHF an den Stellen, an denen die Gesprächspartner der Celler Heimatforscherin über die Verantwortlichkeit des SS-Personals hinsichtlich der Zustände in Bergen-Belsen Anmerkungen machen. Diese Äußerungen geben obendrein Aufschluss darüber, welche Vorstellung zumindest ein Teil der Bevölkerung noch einige Jahre nach der Befreiung des Lagers von den Verhältnissen in Bergen-Belsen hatte. Das »Unmenschliche«, wie es ein Landwirt aus dem benachbarten Jarnsen bezeichnete, habe sich in Bergen-Belsen erst ereignet, als durch die Überbelegung die vielen Häftlinge nicht mehr ausreichend versorgt werden konnten. Erst dann fingen die Häftlinge an zu hungern, eine Meinung, die sich häufig in den Berichten widerspiegelt.[213] Bis zum Eintreffen der vielen Evakuierungstransporte sahen die Häftlinge sogar noch ganz ordentlich aus, wie ein Bauunternehmer aus Win-

---

[210] Wenck, Menschenhandel, S. 115.
[211] Interview mit Friedrich Hemme (21. Januar 1991, Gedenkstätte Bergen-Belsen).
[212] Ebd.
[213] SHF, Jarnsen 297/1: Bauer Albert Brockmann, o.J.; SHF, Wardböhmen 299/21: Bauer Ahrens, 5. Dezember 1946; SHF, Hörsten 296/29: Landwirt Fritz und Marie Schäfer, 14. Juni 1949.

sen erzählt, die »höher Gestellten« hätten sogar eine persönliche Bedienung im Lager gehabt. Mit seiner Aussage, dass er beide Lagerkommandanten persönlich kannte und gerade Kramer ihm nicht vorkam wie der »Bluthund«, als der er später geschildert wurde, wollte der Bauunternehmer wohl seine These von den guten Lebensverhältnissen im KZ stützen.[214] Auch der Forstamtmann Modrow, der einen Scharführer kennenlernte, als dieser mit einem aus Jüdinnen bestehenden Arbeitskommando bei ihm Holz abholte, konnte sich nicht vorstellen, dass ein so »fröhlicher und freundlicher Mensch« fähig war, Kriegsverbrechen zu begehen.[215] Modrow, der gegenüber Hanna Fueß bemüht war, die Geschehnisse im KZ zu relativieren, ging noch einen Schritt weiter: Er rechtfertigte die Existenz des Lagers Bergen-Belsen, indem er konstatierte, dass dort 1943 »fragwürdige Elemente« inhaftiert wurden, die »renitent« waren.[216] Auch der Landwirt Hermann Schulze argumentiert 1948 noch ganz im Sinne der nationalsozialistischen Propaganda, als er behauptet, dass im KZ Bergen-Belsen »durch Arbeit Leute gebessert werden [sollten].«[217] Zu den Personen, die Kontakt mit dem SS-Personal aufnahmen, gehörte auch Käthe Lontzeck. Sie war von 1938 bis 1977 Kreisbereitschaftsführerin und Ausbildungsleiterin für Erste Hilfe des Deutschen Roten Kreuzes im LK Celle und beobachtete im Frühjahr 1945 einen »Elendszug der KZ-Leute« von der Rampe ins Lager. Lontzeck spricht die begleitenden SS-Soldaten auf ihr Tun an und bekommt von einem die Antwort, dass er die Situation selbst nicht mehr mit ansehen könne, aber zu diesem Dienst abkommandiert sei. Ein etwa 18 jähriger Soldat, der auf liegengebliebene Häftlinge mit einer Peitsche einprügelt, entgegnet ihr auf die Frage, ob er denn kein Mitleid mit den Menschen habe: »›Mitleid?!‹ rief er mich an, ›Sie wissen nicht, was das für Verbrecher sind, ich habe Bilder gesehen von den Greueltaten, die sie verbrochen haben!‹«[218] Das Erlebnis mit dem Häftlingstransport brachte Lontzeck aber auch nicht vom dem Glauben ab, dass es den Menschen in Bergen-Belsen bis zum Februar 1945 ausgesprochen gut gegangen sei und sie die Häftlinge, wie im vorigen Kapitel angesprochen, während der alliierten Luftangriffe beneidete. Es verwundert daher auch nicht, dass Lontzeck wie die zuvor erwähnten Bewohner der umliegenden Ortschaften die SS-Kommandantur mit Josef Kramer an der Spitze in Schutz nahm, da gerade Kramer

---

[214] SHF, Winsen 299/15: Herr G..., 25. Juli 1947.
[215] SHF, Wardböhmen 299/21: Forstamtmann Modrow, 7. August 1947.
[216] Ebd.
[217] Hermann Schulze aus Belsen, 21. April 1948, in: Schulze, Unruhige Zeiten, S. 305.
[218] SHF, Bergen 294/17: Käthe Lontzeck, 20. April 1960.

nach ihrem Verständnis alles Menschenmögliche getan hatte, um der Situation im Lager Herr zu werden. Die am 13. Dezember 1945 erfolgte Hinrichtung Kramers, der von einem britischen Militärgericht zum Tode verurteilt wurde, empfand sie demnach auch als großes Unrecht.[219] Auch die Familie von Josef Kramer nahm 30 Jahre nach seinem Tod noch eine Trennung zwischen den Verbrechen der Nationalsozialisten und der persönlichen Verantwortung Kramers vor. Als der Historiker Tom Segev Mitte der siebziger Jahre Frau Kramer und ihren Sohn besuchte, die nur wenige Kilometer entfernt vom ehemaligen KZ lebten, äußerte sich Karl-Heinz Kramer gegenüber Segev zum Holocaust: »Schrecklich, was die da taten, aber mein Vater hatte mit all dem Greuel doch nichts zu tun.«[220] Die 1945 zu 10 Jahren Haft verurteilte SS-Aufseherin Hertha Bothe, die in Auschwitz und Bergen-Belsen ihren Dienst versah, antwortete im Jahr 2000 auf die Frage, ob sie einen Fehler gemacht habe und bereue:

Nein. Ich weiß nicht, wie ich das beantworten soll. Habe ich einen Fehler gemacht? Nein. Der Fehler ist schon, dass es das KZ gab, aber ich musste ja rein, sonst wäre ich selber rein gekommen, dass war mein Fehler, in einer Hinsicht...[221]

Dass die Kommandantur weit mehr Verantwortung für die katastrophale Lage im KZ Bergen-Belsen hatte, als die oben zitierten Zeitzeugen unterstellten, soll zum Abschluss dieses Abschnittes anhand der Versorgungslage gezeigt werden. Josef Kramer sagte nach seiner Verhaftung aus, dass alle Häftlinge pro Tag drei Mahlzeiten erhielten und lediglich in den letzten Wochen die Versorgung mit Brot durch die allgemeine Kriegslage immer schlechter wurde. Ihm war als Kommandanten die hohe Sterberate im Lager zwar bewusst, aber er hatte nicht die Befugnis, die Aufnahme weiterer Transporte zu verhindern, die er als Hauptgrund für das Massensterben bezeichnete. Darüber hinaus erklärte Kramer, dass er mit allem Nachdruck versucht ha-

---

[219] Ebd. Insgesamt fanden von 1945 bis 1948 drei Bergen-Belsen-Prozesse vor britischen Militärgerichten statt. Da sich der Großteil des SS-Personals vor der Befreiung des Lagers absetzte und die Briten nicht versuchten, ihren Aufenthaltsort zu ermitteln, wurden insgesamt nur 58 SS-Angehörige und Kapos angeklagt, die sich beim Eintreffen der Engländer in der Regel im Lager befanden. Viele Hauptverantwortliche des Lagers Bergen-Belsen konnten sich dadurch einem Prozess entziehen. Wenck, Verbrechen, S. 38-55.
[220] Zitiert nach: Segev, S. 69.
[221] Interview mit Hertha Bothe, in: Holokaust. Sechsteilige Reihe des ZDF, 5. Teil, Die Befreiung. Ausgestrahlt am 14. November 2000, 20:15 Uhr.

be, bei den zuständigen Lebensmittelstellen höhere Rationen zu erhalten.[222] In der Tat waren für die Transporte nach Bergen-Belsen nicht die Lagerkommandantur, sondern, wie aufgezeigt, das RSHA und das WVHA zuständig. Die Begründung Kramers, dass auch die schlechte Verkehrslage eine vollständige Versorgung unterminierte, ist aber in Anbetracht der Tausenden von Menschen, die noch in den letzten Wochen und Tagen nach Bergen-Belsen deportiert wurden »eine furchtbare Pervertierung menschlichen Urteilsvermögens«, wie Eberhard Kolb bemerkt.[223] Es kann auch keine Rede davon sein, dass der Kommandant und seine Verwaltungsabteilung alles in ihrer Macht Stehende unternehmen, um die Häftlinge zu versorgen. Als die Wasserversorgung des Lagers im April 1945 durch einen Bombentreffer ausfiel, blieben manche Häftlinge tagelang ohne Wasser. Niemand unternahm etwas, obwohl Hilfe praktisch vor der Tür lag: Einige hundert Meter entfernt floss der kleine Fluss »Meisse« am Lager vorbei. Erst die Engländer legten nach der Befreiung ein Grabensystem an und leiteten Wasser von der Meisse ins Lager; mit Materialien, die sie alle im Depot von Bergen-Belsen vorfanden.[224] Überhaupt stießen die Briten auf riesige Bestände von Lebensmitteln, Medikamenten und Material für den Bau von Baracken, die sich in verschiedenen Depots direkt auf dem Lagergelände befanden. Darunter waren auch zahlreiche Lebensmittelpakete vom Internationalen Roten Kreuz, die regelmäßig in die deutschen Konzentrationslager geschickt wurden. Kramer und die Lagerverwaltung gaben die Waren und Pakete aber nur selten an die sterbenden Menschen aus.[225] Ein riesiges Lebensmittellager mit 600 t Kartoffeln, 100 t Büchsenfleisch, 30 t Zucker und über 20 t Milchzucker entdeckten die Engländer zwei Kilometer entfernt auf dem Truppenübungsplatz. Als man Kramer vor Gericht fragte, warum er sich nicht um diese Bestände bemüht habe, antwortete er:

---

[222] Vernehmung des Lagerkommandanten Josef Kramer über seine Karriere in den Konzentrationslagern und seine Tätigkeit in Bergen-Belsen, 22. Mai 1945, Quelle: PRO, WO 235/19, in: Konzentrationslager Bergen-Belsen, S. 212-214.

[223] Kolb, Bergen-Belsen 1962, S. 194.

[224] Ebd., S. 139. Der Gastwirt und Kreisbrandmeister Helms aus Winsen berichtet, wie die Feuerwehren aus Winsen, Wietze, Bergen und Hermannsburg von den Engländern angewiesen wurden, die Wasserleitung zu bauen. SHF, Winsen 299/15: Gastwirt Helms, 28. November 1946.

[225] Ebd., S. 197. Renata Laquer berichtet, dass am 18. November 1944 Rote-Kreuz-Pakete aus der Schweiz und aus Schweden an einige Häftlinge ausgegeben wurden. Sie beinhalteten z.B. Lachs und Schokolade. Laquer, S. 86.

Die Vorräte und Lager in den Wehrmachtskasernen waren nur für die Wehrmacht bestimmt, und mein Verpflegungssystem beruhte auf einer vollständig zivilen Basis. Ich war nicht berechtigt, mich an die Wehrmacht um Unterstützung zu wenden, und sie waren nicht gezwungen, mir welche zu gewähren.[226]

---

[226] Zitiert nach: Kolb, Bergen-Belsen 1962, S. 198.

## 4. Befreit, aber nicht in Freiheit: Die ehemaligen Häftlinge und das Leben in der Region Bergen von 1945-1950

### 4.1 »Füttre die Bestie«: Die ersten Wochen nach der Befreiung

Als britische Soldaten das Lager Bergen-Belsen befreiten, fanden sie katastrophale Zustände vor, die unüberwindlich schienen. Tausende von Toten mussten bestattet werden, Tausende von Sterbenden lagen hilflos im Lager, es grassierten Krankheiten und Seuchen, sanitäre Einrichtungen gab es kaum und es herrschte ungeachtet der vorgefundenen SS- und Wehrmachtsmagazine ein großer Mangel an Medikamenten und Lebensmitteln. Trotz sofort einsetzender Hilfsmaßnahmen starben in den ersten zwei Monaten nach der Befreiung noch ca. 14.000 Menschen an Entkräftung und ihren nicht mehr zu heilenden Krankheiten.[227] Dennoch sind die Leistungen der Briten, die sich ja bis zum 8. Mai 1945 mit Deutschland im Kriegszustand befanden und demnach auf Feindesland mit begrenzten Ressourcen agieren mussten, nicht hoch genug einzuschätzen. Die SS-Apotheke des Lagers wurde umgehend in ein Notlazarett umgewandelt und in den Wehrmachtskasernen, in denen schon einige tausend Häftlinge untergebracht waren, erfolgte die Errichtung einer Krankenstation. Das Hauptlager bezeichneten die Engländer als Lager I, den Bereich in den Kasernen als Lager II. Verschiedene Sanitäts- und Versorgungseinheiten der Engländer betreuten die Überlebenden zunächst mit Medikamenten und Versorgungsgütern aus Armeebeständen, nach kurzer Zeit kam es aber auch zu Spendensammlungen im Landkreis Celle, mit deren Durchführung die Kreisverwaltung und die Stadt Celle beauftragt wurden, und zu vereinzelten Requisitionen von Nahrungsmitteln, Kleidung, Decken, Essgeschirr und anderen Gebrauchsgegenständen in den umliegenden Ortschaften.[228] Spendenaufrufe an die Bevölkerung erfolgten noch einige Monate lang, wobei die Cellesche Zeitung am 29. April 1945 in einem Sonderdruck mitteilen musste, dass das bisherige Ergebnis der Sammlung bei weitem nicht ausreiche und die englische

---

[227] Kolb, Bergen-Belsen 1996, S. 85. Hinzu kommt, dass viele der kranken und von Hunger gezeichneten Menschen die Lebensmittelmagazine der SS stürmten und für ihren Zustand tödlich wirkende Lebensmittel aßen, wie z.B. fettes Fleisch. Auch die Engländer waren sich dieser Gefahr zunächst nicht bewusst und gaben an die befreiten Häftlinge statt spezieller Diätnahrung, an der es aber in ausreichender Menge sowieso mangelte, ihre mitgeführten Fleischkonserven aus. Der Flüchtlingsobmann Oskar Stillmark verdrehte diesbezüglich die Tatsachen, als er ein Jahr nach der Befreiung behauptete, dass das Sterben in Bergen-Belsen erst nach dem Einmarsch der Engländer einsetzte. Oskar Stillmark aus Winsen, 25. Juli 1946, in: Schulze, Unruhige Zeiten, S. 84.

[228] Schulze, Unruhige Zeiten, S. 29.

Militärregierung weitere Requisitionen ankündige, falls sich die Bereitschaft nicht verbessere, für die Überlebenden von Bergen-Belsen zu spenden.[229]

Um eine weitere Ausbreitung von Krankheiten zu verhindern, war es unumgänglich, die Toten möglichst schnell zu bestatten und das Lager von Exkrementen und Unrat zu befreien. Für die Bestattungen wurden SS-Aufseher- und Aufseherinnen herangezogen, die sich nicht vor der Übergabe abgesetzt hatten und im Lager verblieben waren. Da sie die Toten in der Regel mit den bloßen Händen in Massengräber warfen, infizierten sich ca. 20 SS-Leute an den Leichen und verstarben kurz darauf. Da die Leichenbeseitigung per Hand nicht zu bewältigen war, setzten die Engländer bald darauf Bulldozer ein, die die Toten in zuvor ausgehobene Gruben schoben. Aufräumarbeiten, wie z.B. das Reinigen verschmutzter Latrinen und Baracken, mussten in den nächsten Wochen Männer und Frauen aus der Region übernehmen. Die Deutschen, die diese schmutzige Arbeit als Demütigung und Vergeltungsmaßnahme ansahen, wurden von englischen Soldaten bewacht und vor Übergriffen seitens der Überlebenden, die sie mitunter wüst beschimpften, beschützt.[230] Wie die Aufräumarbeiten Eindruck hinterließen verdeutlicht Georg Schulze:

> Dann mussten wir auch im Lager bei den Judenfrauen reinmachen, das war sehr schlimm. Wo man im Lager hinguckte, war Scheisse. Und wir wurden kommandiert, sie immer wieder wegzumachen. Wir haben uns Taschentücher vor Mund und Nase gebunden, so schrecklich war der Gestank. Die Engländer haben dabei gestanden und gelacht. In jeder Tasse in jedem Kaffeetopf war Scheisse. Und schrecklich waren die Aborte. Zu essen brauchten wir uns nichts mitzunehmen, der Appetit war weg. In acht Tagen habe ich fast nichts gegessen.[231]

Ihr Unverständnis, für die Reinigungsarbeiten überhaupt herangezogen worden zu sein, untermauerten zwei Bewohner mit Aussagen, die fern jeder Realität sind und zudem deutlich machen, dass die Not der Überlebenden vollständig ignoriert wurde: Der oben zitierte Georg Schulze betont, dass die »Jüdinnen« im befreiten Lager sowieso nichts getan haben und Landwirtschaftsrat Neumann merkt an, dass das Lager sich erst nach der Befreiung in »einen großen Müllhaufen« verwandelt habe und zu-

---

[229] Hack, S.101. Spendenaufrufe erfolgten u.a. auch in den Städten Lüneburg und Hannover. Vgl. Konzentrationslager Bergen-Belsen, S. 204.
[230] Vgl. u.a. Interview mit Herrn Hamann (11. September 1988, Gedenkstätte Bergen-Belsen); Flüchtlingsobmann Oskar Stillmark aus Winsen, 25. Juli 1946, in: Schulze, Unruhige Zeiten, S. 83 u. Apotheker Walter Redeker, 27. März 1947, in: Ebd., S. 76 ff.
[231] SHF, Winsen 299/15: Georg Schulze, 25. Juli 1946.

vor »unter deutscher Verwaltung einen hervorragend gepflegten Eindruck machte [...].«[232]

Was in Bergen-Belsen im Gegensatz zu anderen befreiten Konzentrationslagern nicht vorkam, waren von den Alliierten oktroyierte »Pflichtbesuche« der umliegenden Bevölkerung, die den Menschen vor Augen führen sollten, welche Verbrechen in ihrer unmittelbaren Nähe verübt worden waren. Lediglich sechs Vertreter von lokalen und übergeordneten Behörden mussten am 24. April 1945 das befreite Lager aufsuchen und sich die Massengräber und Leichenberge ansehen. In einem zweiseitigen Bericht, den die Männer auf Veranlassung der Besatzungsbehörde anschließend verfassten, schildern sie ihren »Schauder« über die Zahl der Toten, der noch übertroffen wurde durch »den Zustand vieler Leichen, die Striemen, Wunden und andere deutliche Zeichen von Misshandlungen aufwiesen.«[233] Die Honoratioren versäumen es nicht, in ihrem Bericht deutlich zu machen, dass fast alle Celler nichts von dem Lager gewusst, aber durch »zahlreiche Spenden« ihr Mitleid für die leidgeprüften Menschen zum Ausdruck gebracht hätten. Durch ihr vermeintliches Nichtwissen weisen die sechs Herren nicht nur jegliche Verantwortung für das Lager Bergen-Belsen von sich und den Menschen der Region, sondern schließen am Ende kurzerhand die »wahren« Täter aus der Volksgemeinschaft aus:

> Wer die Zustände im Lager Belsen aus eigener Anschauung kennen gelernt hat, empfindet Abscheu vor den Männern, die diese Zustände verursacht, oder pflichtwidrig geduldet haben. Sie haben nicht nur dem deutschen Namen in der Welt Unehre gemacht, sondern dem menschlichen Gefühl jedes wahren Deutschen zuwider gehandelt. Wer sich solcher Verbrechen an wehrlosen Menschen schuldig macht, gehört nicht zu uns.[234]

Nach der Befreiung des Lagers kam es außerhalb des eigentlichen Lagergeländes gelegentlich zu Kontakten. Ehemalige Häftlinge, deren körperliche Verfassung es zuließ, begaben sich zumeist in kleinen Gruppen auf den Weg in die umliegenden Ortschaften. In manchen Dörfern wurden Notküchen eingerichtet, in denen man die

---

[232] Ebd. u. SHF, Bergen 294/17: Was geschah in Belsen. Landwirtschaftsrat Neumann, 20. August 1947.
[233] KrA Celle, Fach 011-30, N 345 Nr. 3: Bericht der Vertreter der Stadt und des Landkreises Celle über die Besichtigung des befreiten Konzentrationslagers Bergen-Belsen.
[234] Ebd.

Überlebenden mit Milch und Lebensmitteln versorgte.[235] Mitunter klopften die Überlebenden auch einfach an die Türen um Nahrung und Gebrauchsgegenstände zu verlangen oder um Zerstreuung zu finden. Asriel Zimche beschreibt so eine Szene:

> Als die Tür geöffnet wurde, traten wir allesamt ein und ich sah ein bekanntes Bild: Alte Frauen und Männer, Frauen mit Kindern auf den Armen. Erschrecken, Weinen, und Schreie – kein einziger deutscher Mann in unserem Alter war dabei. Die Frauen flehten: Nehmt was ihr wollt, nur uns und die Kinder rührt nicht an! [...] Das war nicht die Art Rache, die ich mir vorgestellt hatte und die ich wollte. Mich an alten Leuten und Kindern rächen? Ich sah vor meinem geistigen Auge, wie Juden um ihr Leben gefleht hatten. Auch nach jahrelanger Unterdrückung und Konzentrationslagern bin ich nicht wie die Nazis zu einem Mörder geworden. Ich bin aus dem Haus gegangen und mit sauberen und leeren Händen in das Lager zurückgekehrt.[236]

Truda Bartkova wunderte sich auf ihren Erkundungsgängen, woher auf einmal so viele gutmütige deutsche Menschen kamen und glaubte, dass die allgemeine Freude über das Kriegsende eine wesentliche Rolle spielte. Sie berichtet, wie eine »hiesige Frau« aus ihren letzten Vorräten eine Torte buk und sie nicht nur unter die englischen Soldaten, sondern auch unter die befreiten Häftlinge verteilte: »Freundlichkeit und Bereitwilligkeit herrscht auf beiden Seiten und der Mensch fragt sich im Gedanken, warum es nicht vorher so sein konnte und woher dieser Haß gekommen ist.«[237] Die ungarische Jüdin Lilly Kertesz machte weniger erfreuliche Erfahrungen, als sie nach der Befreiung einen Bauernhof aufsuchte. Beim Anblick der ehemaligen Häftlinge rief die Bauersfrau ihrer Tochter zu: »Das sind Tiere.«[238] Kertesz, von der Reaktion tief betroffen, resümiert:

> Vor der Deportation waren wir kultivierte Menschen. Das Lagerleben hat uns zu dem gemacht, was wir jetzt waren. Wir waren ein Spiegelbild der uns zugefügten Grausamkeit. Es war nicht unsere Schande, sondern die der Deutschen. Je abstoßender wir ihnen erschienen, um so größer war ihre Sünde und ihre Schande.[239]

---

[235] SHF, Winsen 299/15: Leherin Anne Ficus, 29. Januar 1948 u. Klein Hehlen 297/5: Bauer August Lodemann und seine Frau, 20. Januar 1948.
[236] Asriel Zimche, Zeugenberichte aus dem Tal der Todesschatten. Veteranen des Kibbutzes Netzer-Sereni erzählen (Gedenkstätte Bergen-Belsen).
[237] Truda Bartkova, Mit den Augen der Erinnerung. Zehnseitiger persönlicher Bericht (Gedenkstätte Bergen-Belsen).
[238] Kertesz, S. 153.
[239] Ebd. S. 153f.

Nicht immer verliefen die ersten Kontakte zwischen der Bevölkerung und den befreiten Menschen wie in den geschilderten Fällen gewaltlos. Im gesamten Landkreis Celle kam es zu Plünderungen durch ehemalige Zwangsarbeiter, Kriegsgefangene und KZ-Häftlinge, die durch den Einmarsch der britischen und amerikanischen Kampftruppen Mitte April 1945 ihre Freiheit wieder erlangten.[240] Besonders im Ort Bergen kam es zu Plünderungen. Am Morgen des 22. April 1945, eine Woche nach der Befreiung des Lagers, verkündeten Kirchenvorsteher Rodehorst und Pastor Ubbelohde von der Kanzel, dass Bergen auf Anordnung des englischen Kommandanten innerhalb einer Stunde zu räumen sei.[241] Während die Engländer argumentierten, dass sie Platz für Angehörige ihrer Einheiten und für befreite französische Kriegsgefangene und italienische Militärinternierte brauchten, beurteilten die Bewohner Bergens die Räumungsaktion als Repressalie für die Zustände im Lager Bergen-Belsen. Die Berger, die sich in den umliegenden Ortschaften ein Quartier suchen mussten, konnten zumeist nach zwei Wochen wieder in ihre Häuser zurückkehren, manche aber auch erst nach einem Jahr. Mitunter waren Höfe, Ställe und Häuser wüst geplündert worden. Die Augenzeugenberichte der Sammlung Hanna Fueß machen deutlich, wie die Bevölkerung des Landkreises Celle die Plünderungen wahrgenommen hat.

Obwohl sich die Menschen der Region in erster Linie als Opfer des Krieges betrachteten und der Celler Heimatforscherin immer wieder in die Feder diktierten, dass sie von dem KZ nichts gewusst hätten und für die Zustände in Bergen-Belsen nicht verantwortlich gewesen seien, seien sie während der »Banditenzeit«, so werden die ersten Wochen nach der Befreiung des Lagers häufig bezeichnet, wehrlos dem »KZ-Gesindel« ausgeliefert worden. Mit eisernen Picken machten sich »Schweinehunde« daran, die zuvor eilig vergrabenen Wertsachen und Lebensmittel auszubuddeln,[242] »Polenrotten« verbreiteten Angst und Schrecken in den Dörfern und KZ-Leute verunreinigten mit ihrem »Ruhrkot« die Straßen.[243] In den nächsten Tagen, so Bertha

---

[240] Der Landkreis Celle wurde von der 2. britischen und der 9. US-Armee eingenommen, die beide zu der von B.L. Montgomery befehligten 21. Armeegruppe gehörten. Bis kurz vor seiner Besetzung war der Landkreis Celle, abgesehen von einigen Luftangriffen auf kriegswichtige Ziele wie z.B. das Industriegebiet in Unterlüß, von Kampfhandlungen weitgehend verschont geblieben. R. Schulze, Verbesserung, S.41.

[241] SHF, Bergen 294/17: Aus der Chronik des Pfarrhauses Bergen (Pastor Ubbelohde), wahrscheinlich von der Helferin geschrieben am 8.4.–13.5. 1945.

[242] SHF, Bergen 294/17: Tierarzt Rudolf Müller und Schmiedemeister und Gemeinderechnungsführer August Becker, 6. August 1947.

[243] SHF, Bergen 294/17: Gemeindeschwester Erna Pieper, 7. April 1949.

Wismer, war Bergen nicht wiederzuerkennen, »an allen Ecken lag Dreck. Die KZ Frauen hoben einfach ihre Röcke auf und setzten sich an die Mauern mit ihrer Ruhr.«[244] Ein Großteil der Häftlinge wurde, sicher bedingt durch die nationalsozialistische Propaganda, generell als Verbrecher eingestuft, die nun nach der Befreiung des Lagers ihrer kriminellen Ader freien Lauf lassen konnten und darüber hinaus die auf den Höfen beschäftigten Zivilarbeiter mit »Schlechtigkeiten« ansteckten.[245] Die Bewohner der umliegenden Ortschaften, die in ihren Berichten oft erwähnen, dass die Angehörigen der plündernden »KZ-Horden« einen gut ernährten Eindruck machten und gar nicht »verhungert« aussahen,[246] nahmen aber noch weitere Unterteilungen vor, die tendenziös rassistisch waren: Während die politischen Häftlinge sich laut Heinrich Brockmann, der spätere Bürgermeister des Ortes Walle, von den anderen Häftlingen deutlich unterschieden, weil sie noch »ihren Anstand« hatten,[247] wurden die befreiten Polen und Zigeuner als besonders schlimm empfunden.[248] Gerade die »Pollacken«, so der Prähistoriker und Hofbesitzer Hans Piesker, »haben saumäßig gehaust.«[249]

---

[244] SHF, Bergen 294/17: Bertha Wismer, 7. April 1949.

[245] SHF, Wohlde 299/17: Bauer Heinrich Stelter und Lehrer Paul Brockmann, 4. April 1948. Stelter berichtet, wie er von seinem »Polenmädchen«, das nur mit Lumpen bekleidet auf dem Hof erschien, um diverse Gegenstände »begaunert« wurde, nach dem sie Kontakt mit befreiten KZ-Häftlingen aufgenommen hatte. Insgesamt fällt aber auf, dass die »eigenen« Polen und Russen, die in den meisten Fällen bei den Bauernfamilien als Landarbeiter beschäftigt waren, generell als fleißig und ehrlich angesehen wurden. Es kam auch vor, dass die Fremdarbeiter, die man auf den Höfen gut behandelt und versorgt hatte, ihrer Bauersfamilie bei der Abwehr von Plünderern halfen. Vgl. u.a. Landwirtin Alwine Matthies aus Burg, 20. Mai 1948, in: Schulze, Unruhige Zeiten, S. 169.

[246] SHF, Wohlde 299/17: Bauer Heinrich Stelter und Lehrer Paul Brockmann, 4. April 1948 u. Heinrich Otte aus Groß Hehlen, 7. August 1946, in: Schulze, Unruhige Zeiten, S. 121.

[247] SHF, Walle 299/20: Bürgermeister Heinrich Brockmann, o.J.

[248] Vgl. u.a. SHF, Bergen 294/17: Gemeindeschwester Erna Pieper, 7. April 1949 u. SHF, Klein Hehlen 297/5: Bauer August Lodemann und seine Frau, geb. Kielhorn, 20. Januar 1948.

[249] SHF, Hermannsburg 299/25: Dr. Hans Piesker, 18. Mai 1949. In allen mir vorliegenden Zeitzeugenberichten von Bewohnern aus der Region Bergen, unabhängig von ihrem Entstehungszeitraum, weist lediglich Friedrich Hemme darauf hin, dass sich die ehemaligen KZ-Häftlinge »sehr ordentlich verhalten haben«. Laut Hemme gab es zumindest in seinem Heimatort Winsen keine Diebstähle oder Plünderungen. Diese Aussage steht im Gegensatz z.B. zu der von Konrektor Cordes, ebenfalls aus Winsen, der behauptet, dass der ganze Ort Tag und Nacht »voller Fremder und Gauner« war und ein Diebstahl auf den nächsten folgte. Interview mit Friedrich Hemme (21. Januar 1991, Gedenkstätte Bergen-Belsen) u. SHF, Winsen 299/15: Konrektor Cordes, 4. August 1947.

Die Äußerung des späteren Gemeindedirektors Heinrich Ahrens aus dem Jahre 1955 macht darüber hinaus deutlich, was bereits Rainer Schulze bei Durchsicht der SHF auffiel,[250] nämlich welch ein schwieriger und langwieriger Prozess es war, auch die Sprache und Denkweisen der Bevölkerung zu entnazifizieren:

Ich bin im ersten Weltkriege gewesen und habe viel gesehen, aber solches Untermenschentum wie hier gehaust hatte, habe ich nicht für möglich gehalten. Es war eben das Schlimme, daß die Kriminellen in Belsen mit den andern, die weiter nichts getan hatten als vielleicht Schwarzhören, zusammengesperrt waren.[251]

Wenn sich Plünderer einem Anwesen näherten, versuchten die Betroffenen entweder mit Gewalt ihren Besitz zu schützen, was häufig in schweren Auseinandersetzungen endete, oder sie gaben mehr oder weniger freiwillig Nahrungsmittel, Gebrauchsgegenstände oder Wertsachen in der Hoffnung heraus, dann in Frieden gelassen zu werden. Eine Flüchtlingsfrau umschrieb diese Vorgehensweise mit den Worten »Füttre die Bestie«, dann, so ihr Hintergedanke, hat man Ruhe vor weiteren Übergriffen.[252] Interessant ist an dieser Aussage, dass anscheinend auch die Flüchtlinge die Überlebenden des Holocaust in erster Linie als soziales Problem wahrgenommen haben.[253] Flüchtlinge, die erst Anfang des Jahres 1945 in die Region Bergen zogen, konnten viel leichter als die einheimische Bevölkerung jede Verbindung zum KZ von sich weisen; tatsächlich war neben der schnell akut werdenden Wohnungsnot ein Grund für die auftretenden Spannungen mit den ortsansässigen Bewohnern, dass viele Flüchtlinge, wie Heinrich Otte behauptet, überhaupt jegliche Beteiligung am Nationalsozialismus dementierten.[254] Die Aussage des Flüchtlingsobmanns Oskar Stillmark, der im Februar 1945 aus dem Wartheland nach Winsen kam, verdeutlicht die Ressentiments gegenüber den ehemaligen Häftlingen: Stillmark, der nur mit wenigen Habseligkeiten knapp der Roten Armee entkommen konnte, betrachtet sich in erster

---

[250] Schulze, Unruhige Zeiten, S. 49.
[251] SHF, Siddernhausen 298/24: Gemeindedirektor Heinrich Ahrens, 2. Dezember 1955.
[252] SHF, Hetendorf 296/20: Bauer Wilhelm Kruse und seine Ehefrau Mariechen, geb. Hinrichs, 16. Februar 1955.
[253] Die Flüchtlingswelle in den Landkreis Celle setzte bereits 1943 ein und verstärkte sich Anfang 1945. Die Celler Militärregierung schätzte, dass im August 1945 die Bevölkerung des Landkreises gegenüber der Vorkriegszeit um ca. 70 % angewachsen war. Genaue Zahlen lagen erst für Oktober 1945 vor: 58.721 Einheimischen standen 31.944 Flüchtlinge gegenüber. Schulze, Unruhige Zeiten, S. 40 f.
[254] Heinrich Otte aus Groß Hehlen, 7. August 1946, in: Schulze, Unruhige Zeiten, S. 117 f.

Linie selbst als Opfer des Krieges und zeigt kein Verständnis dafür, dass auch Flüchtlinge zum Arbeitseinsatz in das befreite KZ beordert wurden. Hinzu kommt, dass »die Belsen-Häftlinge losgelassen waren« und ohne Gegenwehr der Engländer zu plündern anfingen. Stillmark formuliert zusammenfassend: »Die Nähe Belsens war schlimm für Winsen.«[255]

Die Gründe für die Plünderungen und Übergriffe gegen die deutsche Bevölkerung sind sicherlich in den Hass- und Rachegefühlen zu suchen, die sich bei den befreiten Zwangsarbeitern, Kriegsgefangenen und KZ-Häftlingen in oft jahrelanger Internierung angestaut hatten. Auch waren gerade den Menschen aus dem Lager Bergen-Belsen, die auf engstem Raum in einem praktisch rechtsfreien Stacheldrahtverhau leben mussten, denen jegliche Würde und Hoffnung genommen wurde und die in einem täglichen Überlebenskampf gegen das brutale Wachpersonal aber auch gegen Mitglieder ihrer Leidensgemeinschaft steckten, die Verhaltensweisen sowie Ordnungs- und Rechtsvorstellungen einer »verfaßten Gesellschaft« verloren gegangen.[256] Nach anfänglichen Schwierigkeiten bekamen die zuständigen militärischen Stellen laut Rainer Schulze die Lage in den Griff. Er vermutet, dass die Engländer den einen oder anderen Übergriff seitens der befreiten Häftlinge zwar stillschweigend zur Kenntnis nahmen, aber schnell merkten, dass dadurch ihre Autorität in Frage gestellt werden könnte und sie energischer einschreiten müssten.[257] Dennoch kreideten viele Berger Bürger den Briten bis in die jüngste Vergangenheit an, nicht nur nachlässig gegen Plünderer vorgegangen zu sein, sondern damals den Ort Bergen und seine Bevölkerung für vogelfrei erklärt zu haben.[258] Mitunter wurde die als zu lasch empfundene Reaktion der Briten bei auftretenden Plünderungen, die von den Betroffenen zuweilen mit den Auswirkungen des Dreißigjährigen Krieges verglichen wurden,[259] in eine generelle Kritik an ihrer Besatzungspolitik eingebunden. Zwei Jahre nach der Befreiung des Lagers Bergen-Belsen und der anschließenden Besetzung fasst Landwirtschaftsrat Neumann, der die Plünderungen befreiter Häftlinge und Zwangsarbeiter als »Zustand der Preisgabe aller Werte des deutschen Menschen« bewertete, zusammen, was sich auch in anderen Augenzeugenberichten widerspiegelt: »Man er-

---

[255] Oskar Stillmark, 25. Juli 1946, in: Schulze, Unruhige Zeiten, S. 85.
[256] Schulze, Militärregierung, S. 22.
[257] Ebd.
[258] Zander (Gedenkstätte Bergen-Belsen). Vgl. auch die Aussage von Flüchtlingsobmann Oskar Stillmark aus Winsen, 25. Juli 1946, in: Schulze, Unruhige Zeiten, S. 85.
[259] SHF, Bergen 294/17: Gemeindedirektor Rudolf Habermann, 30. März 1949.

hoffte von der englischen Besatzungsmacht eine schnelle Wandlung zu einem besseren Leben. Leider ist diese Hoffnung bis heute nicht erfüllt.«[260] In den Köpfen vieler Menschen, die in der Nähe des ehemaligen KZ Bergen-Belsen lebten, summierten sich die mutmaßlichen Versäumnisse der britischen Besatzungsmacht und die Plünderungen seitens der befreiten KZ-Häftlinge, Kriegsgefangenen und Zwangsarbeiter zu einer Verzerrung der Wahrnehmung. Speziell in Bezug auf die Berger Bevölkerung vermutet Jürgen Hogrefe, dass die Ereignisse der Geschichte verdreht werden und für viele nicht die 50.000 Toten des benachbarten KZ eine Trägodie darstellen, sondern dass die Bewohner »die Plünderung ihrer Speisekammern als die eigentliche Katastrophe« empfinden.[261] Tatsächlich haben sich auch nur ganz wenige Berichte finden lassen, in denen die Bewohner der Region den befreiten Häftlingen ihr Mitleid ausdrücken[262] oder ihren Reaktionen in irgendeiner Weise Verständnis entgegen bringen, wie z.B. Arndt Walheinke, der aus Dresden in den südlich von Celle gelegenen Ort Burg flüchtete und sich im Mai/Juni 1945 als Vermittler zwischen »den Interessen der Besitzerhaltung des Hofes und dem verständlichen Aufbegehren und Rachebedürfnis der Tausende, die als Sklavenarbeiter ein hartes Los hinter sich hatten« verstand.[263]

Wenn man im Zusammenhang mit der Befreiung des KZ Bergen-Belsen die Plünderungen und Diebstähle der Opfer des Holocaust erwähnt, darf nicht vergessen werden, dass sich die deutsche Bevölkerung in dieser Beziehung auch nicht schadlos gehalten hat. Nur spielte das in ihren Zeitzeugenberichten kaum eine Rolle.[264]

---

[260] SHF, Bergen 294/17: Landwirtschaftsrat Neumann, 13. August 1947. Wie britische Besatzungssoldaten ihre Zeit im Landkreis Celle wahrnahmen, skizziert Rainer Schulze in einem Aufsatz: Ders., »Nur das kleinste Rädchen in einem grossen Getriebe.« Berichte britischer Soldaten und Zivilangehöriger aus dem Landkreis Celle 1945, in: Celler Chronik 6 (1994), S. 155-184.

[261] Hogrefe, S. 52.

[262] U.a. SHF, Hörsten 296/29: Landwirt Fritz und Marie Schäfer, 14. Juni 1949.

[263] Dr. phil. Arndt Walheinke, 2. Februar 1948, in: Schulze, Unruhige Zeiten, S. 172. Vgl. dazu auch die Aussage einer Frau aus Bleckmar, die darauf verweist, dass man von den ehemaligen KZ-Häftlingen nicht erwarten konnte, dass sie sich »gesittet« benahmen, nachdem sie jahrelang qualvollen gelitten hatten und unmenschlich behandelt worden waren. Zander (Gedenkstätte Bergen-Belsen).

[264] Eine Bürgerin aus Bergen berichtet, wie sie Wäsche ein paar Straßen weiter auf der Leine einer Nachbarin gefunden hat, in: Zander (Gedenkstätte Bergen-Belsen). Plünderungen von Deutschen erwähnen beiläufig Walter Redeker aus Winsen, 27. März 1947, in: Schulze, Unruhige Zeiten, S. 74 u. Marie Wallheinke aus Osterloh, 17. Juni 1946, in: Ebd., S. 160. Vgl. für den Raum Bergen/Celle auch den Nachlass von Carla Meyer-Rasch, Aus Celles schlimmsten Tagen.

Die meisten Überlebenden des KZ Bergen-Belsen waren aufgrund ihres Gesundheitszustandes gar nicht in der Lage, das Lager selbstständig zu verlassen. Fieberhaft arbeiteten die Engländer daran, das in der englischen Presse als »Horror Camp« bezeichnete Bergen-Belsen zu räumen und die kranken Menschen in den Wehrmachtskomplex auf dem Truppenübungsplatz zu verlegen. Am 19. Mai wurden schließlich die letzten Überlebenden aus dem KZ in das Lager II evakuiert und auf die Nothospitäler verteilt. Um eine Ausbreitung der Seuchen zu verhindern, brannten die Engländer die leer gewordenen Baracken restlos nieder. Die letzte Baracke wurde am 21. Mai 1945 in einer feierlichen Zeremonie den Flammen übergeben.[265]

**4.2 Das »Bergen-Belsen D.P. Hohne Camp«: Die Wahrnehmung von »außen« und von »innen«**

**4.2.1 Die medizinische Betreuung der ehemaligen Häftlinge**

Die Unterkünfte im Lager II bestanden im Gegensatz zum Hauptlager aus massiven Gebäuden und waren mit Betten, Matratzen, Elektrizität und fließend Wasser ausgestattet. Der Brigadegeneral H.L. Glyn Hughes funktionierte den Kasernenbereich in ein riesiges Krankenhaus mit 14.000 Betten um. Aus diesem ersten Aufenthaltsort für die Überlebensgemeinschaft von Bergen-Belsen entwickelte sich langsam, ein genaues Gründungsdatum gibt es nicht, das größte DP-Camp Deutschlands.

Nach wie vor stand die medizinische Betreuung und Versorgung der Überlebenden im Mittelpunkt. Die englischen Sanitätssoldaten bekamen schon nach wenigen Tagen Unterstützung von verschiedenen Einheiten des IRK und von etwa 100 britischen Medizinstudenten, die für die Pflege und Ernährung der Überlebenden zuständig waren und dank ihres unermüdlichen Einsatzes bei den ehemaligen Häftlingen hoch im Kurs standen. Trotzdem reichte das Betreuungspersonal nicht aus und die Engländer entschlossen sich, auch deutsche Ärzte und Krankenschwestern einzusetzen.[266] Verschiedene Zeitzeugenberichte geben Aufschluss darüber, wie schwierig der Umgang zwischen Deutschen und befreiten Häftlingen war. Dr. Roman Fischer, der als Arzt einer Schweizer Gruppe des IRK für vier Wochen im Lazarett von Bergen-Belsen ar-

---

Frühjahr 1945, zehnseitiges unveröffentlichtes Typoskript. StA Celle L 16 575 u. für andere Regionen in Deutschland Saul K. Padover, Lügendetektor. Vernehmungen im besiegten Deutschland 1944/45, 2. Aufl. Frankfurt am Main 1999 u. Margaret Bourke-White, Deutschland, April 1945 (Dear Fatherland Rest Quietly). Mit einer Einleitung von Klaus Scholder, München 1979.
[265] Schekahn, S. 58.
[266] Königseder/Wetzel, S. 175 ff.

beitete, berichtet, wie einige Ärzte und ca. 250 Schwestern der deutschen Wehrmacht als Kriegsgefangene nach Bergen kamen und in den Spitälern ehemalige Häftlinge betreuen mussten.[267] Auch aus dem auf dem Truppenübungsplatz gelegenen Wehrmachtslazarett wurden Sanitätshelferinnen dienstverpflichtet. Es entstanden sofort große Probleme, weil sich viele Überlebende zunächst nicht von Deutschen behandeln lassen wollten. Zu intensiv waren noch die Erinnerungen an medizinische Versuche in den diversen Konzentrationslagern. Obwohl das Waschen und Pflegen der ehemaligen Häftlinge oft unter Aufsicht der Engländer geschah, kam es vereinzelt immer wieder zu Auseinandersetzungen. Die Jüdin Ina Weiss erzählt, wie sie von einer deutschen Pflegerin eine Ohrfeige bekam, weil sie aus Reflex eine Tablette sofort wieder ausspuckte. Nach einer Beschwerde bei einem englischen Offizier wurde der deutschen Frau ein strenger Verweis erteilt.[268] Deutsche Frauen, die als Krankenschwestern im DP-Camp arbeiten mussten, sind gleich bei ihrer Ankunft in Bergen-Belsen von Überlebenden angegriffen und geschlagen worden. Da sie zudem ohne Impfungen und andere Schutzmaßnahmen die Kranken behandeln mussten, versuchten einige aus dem bewachten Lazarett zu fliehen.[269] Eine polnische Überlebende, die in Auschwitz ihre ganze Familie verloren hatte und im DP-Camp als Oberschwester tätig war, machte aus ihrer Wut auf die Deutschen kein Geheimnis. Obwohl es an Pflegepersonal mangelte, wies sie eine ihr untergeordnete Schwester zu Putzarbeiten an. Dr. Fischer berichtet von einem Gespräch mit ihr, in dem sie mitteilte, dass sie »ihre zukünftige Lebensaufgabe darin sehe, Deutsche zu vernichten.«[270] Fischer, der sich bemühte, bei entstehenden Konflikten sofort vermittelnd einzugreifen, war aber alles in allem positiv überrascht, wie groß die Bereitschaft der Überlebenden nach anfänglichen Schwierigkeiten war, mit den deutschen Ärzten und Schwestern zusammenzuarbeiten. Der ehemalige SS-Arzt des KZ Dora (Thüringen), Dr. A. Kurzke, blieb bis zur Schließung des Camps im Jahre 1950 in Bergen-Belsen. Kurzke war in Dora für die Rettung vieler hundert Häftlinge mitverantwortlich, was sich in Belsen schnell herumsprach.[271] Die aus Thüringen stammende Ingeborg Schiwy, die mit Kriegsgefangenenstatus als Schwester im DP-Camp arbeitete, blieb nach ihrer Ent-

---

[267] Vortragsskript von Dr. Roman Fischer, Hilversum 1945 (Gedenkstätte Bergen-Belsen).
[268] Ina Weiss, achtseitiger Zeitzeugenbericht (Gedenkstätte Bergen-Belsen).
[269] Interview mit Hertha Gast (25. September 1990, Gedenkstätte Bergen-Belsen) u. SHF, Bergen 294/17: Käthe Lontzeck, 20. April 1960.
[270] Vortragsskript von Dr. Roman Fischer, Hilversum 1945 (Gedenkstätte Bergen-Belsen).
[271] Königseder/Wetzel, S. 186.

lassung freiwillig bis 1948 in Bergen-Belsen und betreute zunächst weiter ehemalige Häftlinge. Sie berichtet als einziger Zeitzeuge von gegenseitigem Verständnis zwischen den ehemaligen KZ-Häftlingen und dem deutschen Sanitätspersonal und äußert auch Verständnis für die Menschen, die sie damals beschimpft und bespuckt haben.[272]

Neben dem Sanitätspersonal wurden in den Krankenstationen auch Deutsche eingesetzt, um für die evident wichtige Lagerhygiene zu sorgen. Diese Aufgabe gestaltete sich sehr schwierig, denn die Hospitäler waren zunächst völlig überbelegt und viele ehemalige Häftlinge waren noch nicht in der Lage, die allgemeine Körperhygiene des zivilisierten Lebens eigenverantwortlich zu bewältigen. Das war eine der Folgen der jahrelangen KZ-Haft, in der die Menschen gezwungen wurden, mangels sanitärer Einrichtungen und bedingt durch den körperlichen und seelischen Verfall ihre Notdurft dort zu verrichten, wo sie gerade standen oder lagen. Es dauerte zum Teil sehr lange, bis die Überlebenden, die häufig jahrelang ohne jede Achtung behandelt worden waren, ihr Schamgefühl zurückgewannen und in ein normales Leben zurückkehren konnten; viele schafften den Sprung nie, und sie sind trotz körperlicher Unversehrtheit oder Wiedergenesung an den psychischen Schäden der KZ-Zeit zugrunde gegangen. Die Menschen aus den umliegenden Ortschaften, die für diesen Arbeitseinsatz zwangsverpflichtet wurden, entwickelten für diesen Umstand meistens kein Gespür. In ihren Berichten spiegelt sich vielmehr Ekel und Abscheu vor den mit Kot beschmutzten Räumen und Aborten wider und Unverständnis, warum gerade sie für das Saubermachen herangezogen wurden. Mitunter wurde sogar vermutet, »daß die schmutzigen polnischen Juden selbst absichtlich alles unsauber gemacht hätten.«[273] Die Überlebenden reagierten sehr unterschiedlich auf die deutschen Zivilisten. Beschimpfungen sind genauso vorgekommen wie Zeichen der Solidarität und Näch-

---

[272] Interview mit Ingeborg Schiwy (3. Dezember 1996, Gedenkstätte Bergen-Belsen). Mehr über die medizinische Betreuung der Überlebenden u.a. bei Friedrich J. Bassermann, Als Arzt in Bergen-Belsen nach 1945. Ein Bericht über Zeiten und Menschen, Regensburg 2000; A. Pfirter, Erinnerungen an eine Mission des Internationalen Komitees vom Roten Kreuz, Genf 1963 u. Interview mit Dr. Rolf Stahel und Dr. Roman Fischer (16. Dezember 1995, Gedenkstätte Bergen-Belsen). Berichte der Medizinstudenten finden sich in: E.E. Vella, Belsen: Medical Aspects of a World War II Concentration Camp, in: Journal of the Royal Army Medical Corps, Nr. 130, 1984.

[273] SHF, Hermannsburg 299/25: Kriegserlebnisse vor und nach der Besetzung Hermannsburgs vom 1. April 1945 bis zum 15. Juni 1946 von Karl Habenicht.

stenhilfe, z.B. wenn einer deutschen Frau Brot und Kekse mit den Worten zugesteckt wurden, »Ihr könnt auch nichts dafür!«[274]

### 4.2.2 Das Problem der Repatriierung

Wenn es nach der medizinischen Betreuung der Gesundheitszustand der Überlebenden zuließ, war es im Interesse der britischen Besatzungsmacht und der DPs, so schnell wie möglich eine Rückkehr in die Heimatländer zu organisieren. Da sich in den ersten Monaten nach der Befreiung der Charakter des D. P. Hohne Camp gerade durch Aus- und Einwanderungen veränderte, wird zunächst der Vorgang der Repatriierung kurz skizziert. Bevor dargestellt wird, wie das Leben im und mit dem Camp weiter ging, soll deutlich gemacht werden, welche Opfergruppen in Bergen-Belsen blieben und was der Grund dafür war, dass viele Überlebende des Holocaust erst fünf Jahre nach der Befreiung auch wirklich frei wurden.

Bereits im April 1945 verließen mehrere Tausend Menschen Bergen-Belsen in Richtung Frankreich, Belgien oder Holland. Weitaus schwieriger gestaltete sich die Repatriierung der osteuropäischen DPs, die zum Großteil Juden waren. Zum einen erlaubten die zerstörten Straßen und Schienenwege keine umfassenden Transporte Richtung Osten, zum anderen hatten gerade die polnischen jüdischen DPs aufgrund eines in Polen aufkeimenden Antisemitismus kein Interesse an einer Rückkehr in ihr zudem von der Roten Armee besetztes Land. Zu dieser Zeit war generell kein Land der Welt daran interessiert, jüdische Flüchtlinge aufzunehmen. Sie mussten sich daher für einen unbestimmten Zeitraum auf ein Leben in Deutschland einlassen.[275] Als es in Polen, wie z.B. in Kielce, zu Pogromen gegen Mitglieder der jüdischen Glaubensgemeinschaft kam, flüchteten 1946 viele Juden illegal in die westlichen Besatzungszonen Deutschlands. Ihr erster Zufluchtsort waren oft die DP-Camps, da die dort lebenden Menschen durch die Besatzungsmächte und verschiedene Hilfsorganisationen, wie z.B. die United Nations Relief and Rehabilitation Administration (UNRRA) und die beiden jüdischen Organisationen American Jewish Joint Distribution Comittee (AJDC) und Jewish Relief Unit (JRU), die ab Ende 1945 ihre Arbeit aufnahmen, versorgt wurden. Allerdings verteilten sich die DPs sehr ungleichmäßig auf die Besatzungszonen. Im März 1946 lebten in der britischen Zone 18.500 Juden, davon ca. 12.000 im D.P. Hohne Camp, von denen durch die Ab- und Einwanderun-

---

[274] Interview mit Frau Brückner (ohne Datum, Gedenkstätte Bergen-Belsen).
[275] Quast, S. 122 f.

gen nur noch ein kleiner Teil von ihnen tatsächlich im KZ Bergen-Belsen inhaftiert gewesen war. In der amerikanischen Zone befanden sich zum gleichen Zeitraum mehr als 40.000 jüdische DPs, was durch die unterschiedliche Politik der Besatzungsmächte zu verstehen ist.[276] Im Auftrag des amerikanischen Präsidenten Truman bereiste der Jurist Earl Harrison ab Juli 1945 drei Monate lang die westlichen Besatzungszonen, um die Lebensumstände der DPs, speziell der jüdischen, zu untersuchen. Der sogenannte »Harrison-Report« sorgte nach seiner Bekanntgabe im September 1945 für großes Aufsehen, denn Harrison berichtete, dass die jüdischen Überlebenden auch Monate nach der Befreiung noch vernachlässigt hinter Stacheldraht lebten, oft noch mit ihren gestreiften KZ-Anzügen bekleidet. Er kommt zu dem deprimierenden Fazit: »As matters now stand, we appear to be treating the Jews as the Nazis treated them except that we do not exterminate them.«[277] Eine Konsequenz des Berichtes war, dass in der amerikanischen Zone ein Umdenken bezüglich der jüdischen Überlebenden erfolgte. Ihre Lebenssituation in den Camps wurde z.B. durch eine Anhebung der Kalorienzuteilung verbessert und die jüdische Nationalität offiziell anerkannt, eine von jüdischen Komitees wiederholt propagierte Forderung. Im Gegensatz dazu blieb in der britischen Zone zunächst alles beim Alten, was heißt, dass man den Juden keinen eigenen Status gewährte, sie wurden weiterhin nur nach Nationalitäten getrennt untergebracht und versorgt. Das bedeutete in der praktischen Umsetzung gerade für das Camp in Bergen-Belsen ein enormes Konfliktpotential, denn hier lebten nach der Repatriierung der westlichen DPs ausschließlich Polen jüdischen Glaubens und nichtjüdische Polen quasi unter einem Dach. Erst als die nichtjüdischen Polen ab Mitte 1946 in andere Camps und Lager verlegt worden waren, entspannte sich die Lage im D.P. Hohne Camp.[278] Ein weiterer Konfliktpunkt entwickelte sich aus der englischen Palästinapolitik. Während u.a. das bereits kurz nach der Befreiung in Bergen-Belsen gegründete »Komitee der befreiten Juden« eine baldige Repatriierung der überlebenden Juden vor allen Dingen nach Palästina vorsah, um dort einen eigenen jüdischen Staat zu gründen, sperrte sich England vehement gegen die Umsetzung dieses zionistischen Kerngedankens. Großbritannien, dass seit 1922 aufgrund

---

[276] Zahlenangaben nach Quast, S. 122. Die französische Besatzungszone, in der sich ca. 1.000 DPs aufhielten, kann hier vernachlässigt werden.

[277] Zitiert nach: Eder, S. 110.

[278] In den Erlebnisberichten der DP-Bewohner werden die Konflikte zwischen den religiösen Gruppierungen, z.B. zwischen streng orthodox lebenden Zionisten und assimilierten Juden, oder zwischen den jüdischen und nichtjüdischen DPs nur beiläufig erwähnt.

eines Völkerbundbeschlusses ein Mandat über Palästina besaß, hatte kein Interesse, durch die Einwanderung hunderttausender Juden einen Konflikt mit den dort lebenden Arabern heraufzubeschwören. Hätten die Briten nun aber den jüdischen DPs in Deutschland eine eigene Nationalität zugestanden, wäre das gewiss als Existenzberechtigung eines jüdischen Staates verstanden worden. Eine besondere Brisanz bekam die Palästinafrage, als die Amerikaner, die ihrerseits eine restriktive Einwanderungspolitik verfolgten, im Zuge des Harrison-Berichts von den Engländern verlangten, 100.000 jüdische DPs nach Palästina einreisen zu lassen.[279]

### 4.2.3 Das Leben im und mit dem Camp

Im D. P. Hohne Camp mussten sich aufgrund der geschilderten Situation mehrere Tausend Menschen unterschiedlicher Herkunft auf eine längere Verweildauer in Deutschland einrichten. Sie versuchten nach dem erlittenen Martyrium durch den raschen Aufbau kultureller und religiöser Strukturen innerhalb des Camps neuen Lebensmut zu schöpfen und die dringendsten Anliegen, wie z.B. körperliche und seelische Genesung, die Zusammenführung zersprengter Familien und die Betreuung der vielen elternlos gewordenen Kinder, mit vollem Einsatz anzugehen. Obwohl es gerade in den ersten Wochen und Monaten an allen erdenklichen Gütern und Gebrauchsgegenständen mangelte und aufgrund der vielen Nationalitäten eine nahezu babylonische Sprachverwirrung im Camp herrschte, entstanden dank Unterstützung der zumeist jüdischen Hilfsorganisationen relativ schnell Schulen, Kindergärten, Ausbildungseinrichtungen für Jugendliche, Sportstätten, ein beachtliches Publikationswesen mit der ersten jüdischen Zeitung im Nachkriegsdeutschland und das sogenannte »Kazet-Theater«, das unter der Leitung des aus Polen stammenden Regisseurs Samie Feder bereits am 6. September 1945 seine erste Aufführung hatte und anschließend sogar zu einer Tournee in Westeuropa startete.[280] Da die Bewohner des Camps zudem ein sehr religiöses Leben praktizierten und sich politisch überaus stark engagierten und organisierten, war das Bergen-Belsen D. P. Hohne Camp bald das Zentrum des jüdischen Lebens in der britischen Besatzungszone.

Verwaltet wurde das Camp zunächst von der britischen Besatzungsmacht, ab Anfang März 1946 von der UNRRA. Sowohl mit den Briten als auch später mit der UNRRA kooperierte eine jüdische Lagerselbstverwaltung, für die Aufrechterhaltung der Ord-

---

[279] Schekahn, S. 61 ff. u. Dinnerstein, S. 109-117.
[280] Giere, S. 119-129; Yantian, S. 131-163.

nung sorgte eine britische Militär- und eine eigene jüdische Lagerpolizei. Deutsche Behörden hatten im Camp keine Amtsbefugnis und Nichtbewohnern wurde in der Regel der Zutritt verwährt. Dennoch gab es zwischen den DPs und der umliegenden Bevölkerung einige Berührungspunkte.

Viele junge Mädchen aus der Region arbeiteten als Haushaltshilfen im Camp, wie z.B. Frau Weber und Anni Späth. Späth, die täglich mit dem Fahrrad von Winsen nach Belsen fuhr, war bei Josef Rosensaft, dem Leiter der jüdischen Selbstverwaltung, und seiner Familie tätig.[281] Andere versuchten mit Hilfe einer Beschäftigung als Lehrer, Kinderkrankenschwester oder Handwerker ihre Familien durch die entbehrungsreiche Nachkriegszeit zu bringen.[282] Interessant war eine Tätigkeit im Camp deshalb, weil dort im Laufe der Zeit der Lebensstandard im Gegensatz zur vom Krieg zerstörten Außenwelt durch die weltweite Unterstützung der jüdischen Organisationen überproportional anstieg und die Campbewohner die Möglichkeit hatten, Dienstleistungen entsprechend zu honorieren. Bezahlt wurde zumeist in Naturalien, was für die Betroffenen einen unschätzbaren Vorteil hatte, da das deutsche Geld bis zur Währungsreform 1948 keinen hohen Stellenwert mehr besaß. Je nach Beruf und Bedarf erhielten die im Camp tätigen Personen Ausweise, um das Lagertor zu passieren. Wer sich dazu entschlossen hatte, im DP-Camp für die Juden zu arbeiten, sah sich allerdings oft den Anfeindungen seiner Nachbarn oder Bekannten ausgesetzt. Zweideutige Fragen und subtile Anschuldigungen kamen ebenso vor wie antisemitische Bemerkungen:

> Die Szenen, die sich in Belsen 2 km von hier abspielten, kann sich nur der ausmalen, der selbst mal den Anblick gesehen hat. Tausende von jungen Frauen umlagerten die Zäune des Lagers der Winser Straße und ließen sich da anheuern, um für schmutziges Geld dort zu arbeiten oder sich mit den dreckigen, schmutzigen Juden in eine Liebschaft einzulassen. [...] Sie nahmen das Ihnen im Judenlager Gebotene hin, ohne sich Gedanken zu machen, wie der Weg enden würde.[283]

Das D. P. Hohne Camp wurde wie schon zuvor das Kriegsgefangenen- und Konzentrationslager Bergen-Belsen nicht nur von außerhalb, sondern auch mit Hilfe umlie-

---

[281] Interview mit Frau Weber (7. u. 17. Februar 1990, Gedenkstätte Bergen-Belsen); Interview mit Anni Späth (24. August 1990, Gedenkstätte Bergen-Belsen) u. Zander, Diskussionsbeiträge vom II. Abend, 18. März 1982 (Gedenkstätte Bergen-Belsen).

[282] So z.B. der Lehrer Wilhelm Niebuhr aus Bergen. SHF, Bergen 294/17: Wilhelm Niebuhr, 4. August 1947.

[283] SHF, Bergen 294/17: Gemeindedirektor Rudolf Habermann, 30. März 1949.

gender Firmen und Betriebe versorgt. Um die Versorgung des Camps und den Transport von Arbeitern zu unterstützen, wurde am 13. Januar 1946 auf Anordnung der Militärregierung eine Fahrbereitschaft eingerichtet. Zum Fuhrpark gehörten etwa 65 Fahrzeuge, deren Fahrer in der Regel aus der näheren Umgebung kamen. Ein deutscher Stützpunktleiter erhielt seine Anweisungen zum Einsatz der Fahrzeuge von der Militärregierung.[284] Die Versorgung beschränkte sich aber nicht nur auf die Lieferung von Lebensmitteln, sondern Handwerksbetriebe und Einzelpersonen produzierten Waren und Güter, die im Camp benötigt wurden. Für die DPs, deren Repatriierung unmittelbar bevorstand, waren das z.B. für den Transport dringend benötigte Holzkisten.[285] Bedingt durch die stetig ankommenden Hilfslieferungen waren im Camp neben den herkömmlichen Gebrauchsgütern bald so begehrte Genussmittel wie Kaffee und Zigaretten in großer Menge vorhanden und es dauerte nicht lange, bis alle die Bewohner der Region mit dem Camp in Verbindung standen, die entweder eine Dienstleistung verrichten oder irgendetwas zum Tausch anbieten konnten. Eine Schneiderin aus Bergen berichtet z.B., wie sie von einer Familie aus dem Camp gebeten wurde, ein Hochzeitskleid für die Tochter des Hauses anzufertigen. Nachdem die Frau den Auftrag gegen Bezahlung von Lebensmitteln ausgeführt hatte, wohnte sie auf Drängen der Familie der Hochzeitsfeier als Gast bei. Ein Uhrmacher, ebenfalls aus Bergen, erhielt für die Reparatur einer Uhr als Gegenleistung eine neue Hose.[286] Es ließen sich noch zahlreiche Beispiele dieser Art anführen und ein Berger Bürger liegt sicher nicht ganz falsch mit seiner Behauptung, dass der ganze Handel auf einmal über das Camp lief: »Sie bekamen hier keine Dachpfanne, aber im Lager bekamen sie alles.«[287] Zum Leidwesen der englischen Militärregierung wurde Bergen-Belsen allmählich zu einem zentralen Umschlagplatz für den Schwarzhandel, nicht nur für den Landkreis Celle, sondern für weite Teile des Regierungsbezirks Lüneburg.[288] Die Briten versuchten zwar mit allen Kräften den Schwarzmarkt einzudämmen, aber das stellte sich aufgrund der hohen Beteiligungsquote als Sisyphusar-

---

[284] Die Fahrbereitschaft scheint auch für den Transport von ca. 100 ungelernten Arbeitskräften verantwortlich gewesen zu sein, die auf dem Gelände des ehemaligen KZ bei der Errichtung der Gedenkstätte helfen mussten. KrA Celle, Fach K 119, 019-01-1: Fahrbereitschaft Lager Belsen und Camp Hohne 1946-1951.
[285] Zander, Diskussionsbeiträge vom II. Abend, 18. März 1982 (Gedenkstätte Bergen-Belsen).
[286] Ebd.
[287] Ebd.
[288] Schulze, Unruhige Zeiten, S. 32.

beit heraus, denn, so Friedrich Hemme, selbst die Kinder verschacherten mittlerweile die Kühe des eigenen Vaters an die Leute im DP-Camp.[289]
Durch ihre Aktivitäten auf dem Schwarzmarkt boten gerade die Juden ein geeignetes Angriffsfeld; der Jude als »geborener Händler«, der angeblich ständig bemüht ist, zu tauschen und zu schachern und mit krimineller Energie windige Geschäfte zu machen, geriet schnell ins Kreuzfeuer der Kritik. Zwar »ist allgemein bekannt, dass der Jude nicht selbst zum Diebstahl greift«, so Gemeindedirektor Habermann im März 1949, aber er findet schnell genügend »Mittelmänner«, die ihn bei seinen anderen kriminellen Aktivitäten unterstützen.[290] Wenn irgendwo ein Schwarzmarktdelikt an das Tageslicht kam oder ein Verbrechen anderer Art verübt wurde, richteten sich die Blicke schnell auf die Bewohner des DP-Camps. Immerhin, so der Amtsgerichtsrat Ernst von Briesen, waren im KZ Bergen-Belsen die Mehrzahl der Häftlinge Verbrecher, »von denen man sich, falls sie aus der Haft entlassen würden, schwerster Plündereien versehen müsse.«[291] Landwirtschaftsrat Neumann bedauerte, dass durch die Existenz des DP-Camps die »sprichwörtliche Ruhe der Heide« verschwunden und statt dessen aus der Heide »ein wilder Tummelplatz fremdländischer Völker geworden [ist], die schachern und die Sitten verderben.«[292] Der oben zitierte Habermann beklagte ebenfalls zunächst »eine ungeheure Verwahrlosung auf sittlichem Gebiet« durch die »fremden Elemente«, machte sich dann aber Gedanken darüber, was einmal sein wird, wenn die meisten Menschen das Camp verlassen haben und viele Familien aus der Umgebung dadurch ihr Arbeitseinkommen verlieren würden.[293] Durch die Presseorgane der Region wurde schließlich veröffentlichte Meinung, was u.a. Neumann, Habermann und von Briesen der Heimatforscherin Hanna Fueß anvertrauten. Die Hannoversche Presse teilte ihren Lesern im September 1948 mit:

Belsen ist auch drei Jahre nach Kriegsende noch ein Herd der Fäulnis, der Zerstörung und des Verfalls, unter dessen Ausstrahlungen ganz Niedersachsen, vor allem aber das umliegende Heidegebiet

---

[289] Interview mit Friedrich Hemme (21. Januar 1991, Gedenkstätte Bergen-Belsen). Laut Aussage eines Berger Bürgers ist der Polizeiposten in Belsen erst 1949 von einem Deutschen besetzt worden, in Bergen bereits 1947. Bis dahin war die englische Militärpolizei verantwortlich. Zander, Diskussionsbeitrag vom II. Abend, 18. März 1982 (Gedenkstätte Bergen-Belsen).

[290] SHF, Bergen 294/17: Gemeindedirektor Habermann, 30. März 1949.

[291] SHF, Bergen 294/17: Amtsgerichtsrat Dr. Ernst von Briesen, 16. Februar 1948.

[292] SHF, Bergen 294/17: Was geschah in Belsen. Landwirtschaftsrat Neumann, 20. August 1947.

[293] SHF, Bergen 294/17: Gemeindedirektor Habermann, 30. März 1949.

leidet. Unter seinem Einfluß sind Viehdiebstähle, Raubzüge und Großschiebungen zu einer von der Presse kaum noch verzeichneten Alltäglichkeit geworden.[294]

Im Januar 1950, wenige Monate vor der Schließung des Camps, war es dann die Hannoversche Allgemeine Zeitung, die zu wissen glaubte, dass mancher Bewohner des »Judenlagers Belsen« arm wie eine Kirchenmaus gekommen und reich wie ein Millionär nach Palästina ausgewandert sei. Aus den Polizeiberichten der zurückliegenden Zeit werde klar erkennbar, so der Redakteur,

> daß die Kriminalität auf fast allen Gebieten, angefangen bei der einfachen Schiebung über Steuerhinterziehungen, Schmuggel, Schwarzschlachtung, Weidediebstahl, bis zum Raub und Totschlag in der Umgebung des Lagers stärker war als in allen anderen Gegenden. Die Exterritorialität des Lagers wirkte auf lichtscheues Gesindel, das sich unangemeldet in den umliegenden Wäldern aufhielt, wie ein Magnet.[295]

Der Historiker Rainer Schulze ist der Frage nach der Kriminalität der DPs im Landkreis Celle nachgegangen und hat das Register des für die meisten Straftaten zuständigen Summary Military Court in Celle durchgesehen. Er kommt zu dem Ergebnis, dass die Kriminalitätsrate in den Monaten April bis Juli 1945 deutlich über der der deutschen Bevölkerung lag, seit August aber ständig rückläufig war. Im Zeitraum von August bis Dezember 1945 entsprach der Anteil der DPs an den verhandelten Straftaten als auch an der Zahl der Beschuldigten in etwa ihrem Bevölkerungsanteil im Landkreis Celle.[296] Ab Mitte 1946, als immer mehr DPs repatriiert werden konnten, verlor, so Schulze, das Problem der DP-Kriminalität langsam seine Brisanz.[297] Die Straftaten der DPs sollen keineswegs beschönigt werden, es stellt sich aber die Frage, warum sie in Zeitzeugenaussagen und Presseberichten, übrigens auch seitens der Briten, einen so hohen Stellenwert haben. Neben dem bereits erwähnten latenten Antisemitismus, der in den Köpfen mancher Deutscher den Sprung von der Kriegs- in die Nachkriegszeit mühelos schaffte, scheint sowohl bei Briten als auch Deutschen Unverständnis darüber geherrscht zu haben, dass es überhaupt kriminelle DPs gab. Wolfgang Jacobmeyer, der eine der ersten umfassenden Studien über die DPs im

---

[294] Hannoversche Presse vom 25. September 1948, zitiert nach: Krizsan, S. 33.
[295] Was geht in Belsen vor? Wann wird die Exterritorialität aufgehoben? in: Hannoversche Allgemeine Zeitung vom 20. Januar 1950.
[296] Schulze, Militärregierung, S. 23.
[297] Schulze, Unruhige Zeiten, S. 39 f.

Nachkriegsdeutschland schrieb, vermutet eine falsche Erwartungshaltung als Ursache für diese vereinfachte Sichtweise. Der durch den Krieg heimatlos gewordene Ausländer hatte demnach gar nicht das Recht, auf deutschem Boden seine kriminelle Energie auszuleben. Seine Straftaten wurden nicht nur als »blanker Ungehorsam«, sondern, eigentlich noch viel schlimmer, als »böswillige Undankbarkeit« bewertet.[298] In Bergen-Belsen kam der ungewöhnliche Fall hinzu, dass die DPs als Überlebende des Holocaust unmittelbar neben dem Ort ihres Leidens weiterleben mussten. Obwohl fast alle Familien der umliegenden Ortschaften am Schwarzmarkt beteiligt waren, kam es bei ihnen zu einer divergierenden Wahrnehmung in Bezug auf Kriminalität. Der Deutsche versuchte lediglich, sich und seine Familie mit kleinen Geschäften über Wasser zu halten, der DP hingegen, sprich der Jude, ging traditionell seinen undurchsichtigen, einzig auf Gewinn ausgerichteten Geschäften nach. Kam es zur Aufdeckung eines Straftatbestandes unter Beteiligung von Campbewohnern, führte das mitunter zu einer vereinfachten Aufrechnung begangenen Unrechts. Die Opfer aus dem KZ, die im DP-Camp in den Augen der umliegenden Bevölkerung bedingt durch ihre gute Versorgung einen hohen Lebensstandard genossen, begingen nun, vereinfacht ausgedrückt, auch mal einen Fehler und verloren dadurch ihren »Status des Unschuldigen«.[299]

### 4.2.4 Die Auflösung des Camps und das Schicksal der letzten DPs
Wie die meisten DPs hofften auch die jüdischen Überlebenden des Camp Hohne darauf, möglichst schnell Deutschland verlassen zu können. Nach einer Umfrage vom September 1945 gaben von den damals knapp 11.000 jüdischen Campbewohnern nahezu 70 % Palästina als Ausreiseziel an.[300] Solange ihnen aber eine Einreise dorthin verwehrt wurde, blieb den ausreisewilligen Juden keine andere Möglichkeit, als sich im Camp auf das Leben in der neuen Heimat vorzubereiten. Die in Palästina agierende militärische Untergrundorganisation Haganah führte z.B. seit Ende 1947 in den DP-Lagern militärische Schulungen durch, die in erster Linie junge Männer auf eine bevorstehende Auseinandersetzung mit den Arabern vorbereiteten sollten.[301] Viele tausend Juden waren aber nicht bereit, auf unbestimmte Zeit in den Camps zu verhar-

---
[298] Jacobmeyer, Vom Zwangsarbeiter, S. 50.
[299] Thomas Rahe, Vortrag in der Gedenkstätte Bergen-Belsen über »Das Camp für jüdische Displaced Persons Bergen-Belsen« vom 29. April 2001.
[300] Königseder/Wetzel, S. 212.
[301] Ebd., S. 210.

ren und versuchten, illegal auf dem Land- oder Seeweg in Palästina einzureisen. Erinnert sei in diesem Zusammenhang an das Schicksal der 4.500 Juden, die auf dem Schiff »Exodus 47« wenige Meilen vor der palästinensischen Küste von der britischen Flotte aufgebracht wurden. In einer wahren Odyssee kamen sie auf englischen Transportschiffen nach langer Überfahrt, unterbrochen von einem mehrwöchigen Zwangsaufenthalt in einem französischen Hafen, wieder in Deutschland an. Erst als am 15. Mai 1948 der Staat Israel proklamiert und die Aufhebung jeglicher Einwanderungssperren am 27. Januar 1949 eingesetzt wurde, setzte eine Massenauswanderung nach Israel ein.[302] Durch diese Massenauswanderung wurde die Verladerampe ein Symbol mit doppelter Bedeutung: Erst mussten sich von dort aus Tausende auf den Weg in Unfreiheit und Elend begeben, dann wurde die Rampe für viele Überlebende des Holocaust das Tor zur Freiheit. Aber nicht alle Bewohner des Hohne-Camps hatten ein Interesse daran, die weite Reise nach Israel auf sich zu nehmen. Einige ehemalige KZ-Häftlinge versuchten unmittelbar nach der Befreiung in der Nähe Fuß zu fassen. Der Pole Andrej Jakubiec berichtet, wie er sich durch den Zaun des befreiten Lagers Bergen-Belsen schlich, um einer Registrierung durch die Engländer zu entgehen. Jakubiec hatte von einem Freund erfahren, dass eine verwitwete Frau aus dem benachbarten Meißendorf Hilfe auf ihrem Hof benötigte. Er heiratete schließlich die Tochter des Hauses und blieb in Meißendorf.[303] Dass Jakubiec kein Einzelfall war, belegt ein Schreiben des Oberpräsidenten der Provinz Hannover an den Regierungspräsidenten in Lüneburg. In dem Schriftstück geht es um Anträge auf Zulassung neuer Handwerksbetriebe durch ehemalige KZ-Häftlinge. Der Oberpräsident schlägt darin vor, die »Bedürfnisfrage mit besonderem Wohlwollen zu prüfen« und Interessierten die Abnahme der Meisterprüfung zu erleichtern.[304] Im Camp selbst blieben nur die sogenannten »hard-core-cases« zurück. Das waren DPs, die zumeist aufgrund ihres Alters oder Gesundheitszustandes kein Aufnahmeland gefunden hatten. Die letzten etwa 1.000 hard-core-cases wurden schließlich am 15. Juli 1950 von

---

[302] Hack, S. 106.
[303] Interview mit Andrej Jakubiec (7. August 1990, Gedenkstätte Bergen-Belsen). Andere Beispiele in Schulze, Unruhige Zeiten, S. 91 u. 255.
[304] StA Celle, Fach 9 B 44, Nr. 5: Neuerrichtung von Handwerksbetrieben 1942-1950. Als die Schließung des in der amerikanischen Besatzungszone liegenden DP-Camps Föhrenwald kurz bevor stand, erarbeiteten jüdische Organisationen und deutsche Behörden (seit 1951 standen die letzten DP-Camps unter deutscher Verwaltung) ein Integrationsprogramm für die DPs, die aus unterschiedlichen Gründen Deutschland nicht verlassen konnten oder wollten. Königseder/Wetzel, S. 169 ff.

Bergen-Belsen ins friesische Jever verlegt, das Bergen-Belsen D.P. Hohne-Camp wurde wenige Wochen später aufgelöst.[305]

---

[305] Das Lager in Jever wurden am 15. August 1951 geschlossen. Das letzte verbliebene DP-Camp auf deutschem Boden, das 25 Kilometer südlich von München gelegene Föhrenwald, schloss seine Tore erst im Jahre 1957. Königseder/Wetzel, S. 216.

## 5. Der Umgang mit der Vergangenheit: Bergen-Belsen von 1950 bis heute
### 5.1 »Wie steht es in Wahrheit mit Belsen?«: Der Bericht des Amtsgerichtsrats Ernst von Briesen

Ernst von Briesen (1879-1966) war von 1919 bis 1947 als Amtsrichter und zuletzt als Amtsgerichtsrat in Bergen tätig. Darüber hinaus war er von 1919 bis 1934 Ortsgruppenleiter des »Stahlhelm - Bund der Frontsoldaten« in Bergen und seit 1940 stellvertretender Kommandant des Stalag XI B Fallingbostel. Von September 1941 bis zu seiner Einberufung an die Ostfront im Frühjahr 1942 war Briesen Kommandeur des Sowjetischen Kriegsgefangenen-Bau- und Arbeitsbataiollons 111 des Stalag XI C/311 Bergen-Belsen (siehe Kapitel 2.2.3).

Briesen versucht in seinem Bericht von Oktober 1950, der in einigen Punkten auf die Aussagen zurückgreift, die er 1948 gegenüber Hanna Fueß gemacht hatte, die Geschehnisse im Kriegs- und Konzentrationslager zu verharmlosen und die Kommandantur und das Wachpersonal zu entlasten. Während er das Lager Bergen-Belsen zu der Zeit, als es von belgischen und französischen Kriegsgefangenen belegt war, ausführlich als »Musterlager« beschreibt,[306] sind seine Erklärungen für das große Massensterben der sowjetischen Kriegsgefangenen ab dem Winter 1941/42 lapidar und banal zugleich. Mitte November 1941 brach Fleckfieber aus, an dem Tausende von Russen, aber auch deutsche Wachsoldaten, starben. Durch die verhängte Quarantäne ist »von alledem kaum etwas an die Bevölkerung gedrungen.«[307] Kein Wort verliert Briesen darüber, das man monatelang Menschen ohne feste Behausung vegetieren ließ, bis sie Gras und Baumrinde aßen und später, Ultima ratio, sogar teilweise zum Kannibalismus übergingen.

Auch nachdem das Lager von der SS übernommen worden war, änderte sich an dem Kenntnisstand der Bevölkerung laut Briesen nichts. Die Menschen aus der Umgebung waren mit sich selbst beschäftigt und verließen aufgrund des häufigen Fliegeralarms nur selten ihre Häuser. Hinzu kommt, dass sich das Lager einige Kilometer entfernt in einer »abgelegenen Gegend« befand, die zudem scharf abgeriegelt wurde.[308] Die Häftlingstransporte, so Briesen, kamen in der Regel nachts an. Abenteuerlich wird es, wenn der Amtsgerichtsrat in Bezug auf die vielen Evakuierungstransporte, die in den ersten Monaten des Jahres 1945 Bergen-Belsen erreichten, ein ihm zu Ohren gekommenes Gerücht in den Raum stellt. Demnach seien große »Massen

---
[306] KrA Celle, Fach K 100, Neues Aktenzeichen 019-01: Briesen-Bericht.
[307] Ebd.
[308] Ebd.

von Kriegsgefangenen und von Internierten« in den besetzten Ostgebieten vor die Wahl gestellt worden, was mit ihnen bei Herannahen der Roten Armee geschehen solle. Niemand wollte angeblich zurückbleiben und alle hätten »flehentlich gebeten, nach Deutschland mitgenommen zu werden.«[309] Bei seinen dienstlichen Aufenthalten im Lager war Briesen nichts Ungewöhnliches aufgefallen; die Häftlinge beklagten sich nicht, das SS-Personal verhielt sich »sachlich und anständig« und war freundlicher als er es vermutet hätte. Überhaupt war »die Behandlung der dort Untergebrachten [...] bis zur Jahreswende 1944/45 durchaus menschlich, Unmenschlichkeit und Grausamkeit sind nicht bekannt, auch nicht behauptet worden.«[310] Für das danach einsetzende Massensterben, das Briesen nicht leugnet, aber durch eine Herabsetzung von 50.000 auf 22.000 tote KZ-Häftlinge relativiert,[311] macht er folgende Umstände verantwortlich: Da die in Bergen-Belsen ankommenden Transporte durch Kriegseinwirkungen unverhältnismäßig lange unterwegs waren, wurde die auszugebende Verpflegung falsch berechnet, viele Häftlinge kamen deshalb »in völlig verhungertem und erschöpften Zustand in Belsen an.«[312] Proteste des Lagerkommandanten Josef Kramer, die »Neuankömmlinge«, die zudem Ruhr, Typhus und Fleckfieber einschleppten, nicht mehr aufnehmen zu wollen, wurden »von oben« nicht erhört. Kramer und das SS-Personal werden dann endgültig von Briesen entlastet, indem er Ursache und Wirkung auf den Kopf stellt und behauptet, dass »die Insassen, krank, verhungert und ohnehin wenig diszipliniert, den Anordnungen der Lagerleitung nicht mehr gehorchten.«[313]

Zum Schluss seines Berichtes weist Amtsgerichtsrat Ernst von Briesen noch einmal darauf hin, dass die Bevölkerung erst nach dem Einmarsch der Alliierten von den Zuständen im Lager erfuhr, die nebenbei durch eine »Greuelpropaganda« künstlich aufgebauscht worden seien, um die Bewohner der Region zu diskreditieren.[314] Abschlie-

---

[309] Ebd.
[310] Ebd.
[311] Briesen bezieht sich bei den Zahlenangaben auf einen Artikel in »Die Welt« vom 15. April 1946.
[312] KrA Celle, Fach K 100, Neues Aktenzeichen 019-01: Briesen-Bericht. Dass überhaupt so viele Transporte nach Bergen-Belsen gelangten, erklärt Briesen ebenfalls durch Kriegsereignisse und das Zusammenbrechen der Front.
[313] Ebd.
[314] Briesen verweist darauf, dass die Briten einen Propagandafilm über Bergen-Belsen zeigten, in dem neben Genickschußanlagen auch Gas- und Verbrennungsöfen zu sehen gewesen sein sollen. Der Verweis darauf, dass es in Bergen-Belsen keine Gaskammern gab, ist keine Spezifität des Briesen-Berichtes. Diese Feststellung ist zwar richtig, scheint aber in dem Zusammenhang,

ßend rechnet er noch die Toten Bergen-Belsens mit den »Millionen« toter Zivilisten auf, die u.a. in Hamburg und Dresden den Luftangriffen alliierter Bomber zum Opfer gefallen waren.[315]

Der Briesen-Bericht kursierte, so Jürgen Hogrefe, bald nach seinem Erscheinen in den Haushalten und an den Stammtischen der Region.[316] Werner Nadolski, ab dem 1. September 1944 als Hauptmann in einer Wehrmachtseinheit tätig, die bis zum Einmarsch der Briten auf dem Truppenübungsplatz Bergen stationiert war, entschloss sich im Jahre 1961 selbst seine Erinnnerungen aufzuschreiben, nachdem er den Briesen-Bericht gelesen hatte. Nadolskis Aufzeichnung hat tendenziell die gleiche Ausrichtung und Qualität wie der Briesen-Bericht. Beide Darstellungen sind dann auch zusammen im Jahre 1968 von der rechtsgerichteten Monatsschrift »Nation Europa« publiziert worden.[317] Jahre später sollte ein anderes rechtsgerichtetes Blatt den Briesen-Bericht für sich entdecken: Gerhard Freys »Deutsche National-Zeitung« benutzte die Aufzeichnungen des Amtsgerichtsrats, um im Jahre 1985 nach »Kohls Kniefall in Bergen-Belsen« den »phantastischen Lügen« entgegenzuwirken, die über die Opferzahl von Bergen-Belsen angeblich bis in die Gegenwart verbreitet werden.[318]

Der Briesen-Bericht hat aber nicht nur in rechtspopulistischen Blättern Anklang gefunden, sondern ist auch in der Gegend des ehemaligen KZ Bergen-Belsen nach wie vor präsent. Als sich 1982 Berger Bürger trafen, um über die Nachkriegszeit in ihrem Ort zu sprechen, brachten mehrere Teilnehmer die Zeitschrift »Nation Europa« mit

---

in dem z.B. Briesen sie benutzt, auch eine andere »Qualität des Todes« zu implizieren. Es wird suggeriert, dass die verhungerten und an Krankheiten gestorbenen Menschen in Bergen-Belsen (verhungern und krank werden kann man auch woanders) auf einer niederen Stufe als z.B. die Gasopfer von Auschwitz stehen.

[315] KrA Celle, Fach K 100, Neues Aktenzeichen 019-01: Briesen-Bericht.

[316] Hogrefe, S. 52. Der Autor macht allerdings für seine Behauptung keine Quellenangabe.

[317] Nation Europa, Monatsschrift im Dienst der europäischen Erneuerung, XVIII. Jahrgang, Heft 5, Mai 1968. Die 1951 von dem ehemaligen Waffen-SS-Offizier Arthur Erhardt ins Leben gerufene Zeitschrift ist seit ihrem Erscheinen ein Forum für ehemalige Nationalsozialisten und Rechtsextreme aus dem In- und Ausland. Die Zeitschrift hat sich bis in die Gegenwart zu einem der bedeutendsten Propagandablätter des deutschen Rechtsextremismus entwickelt. Backes/Jesse, S. 80 ff.

[318] Deutsche National-Zeitung vom 26. April 1945. Der damalige Bundeskanzler Helmut Kohl hielt anläßlich des Jahrestages der Befreiung eine Rede in der Gedenkstätte Bergen-Belsen, in der er auf die Verantwortung Deutschlands für die Untaten der NS-Herrschaft hinwies und das ehemalige KZ als Kainsmal bezeichnete, das in der Erinnerung des deutschen Volkes eingebrannt sei. Einen »Kniefall« in der Art Willy Brandts hat es nicht gegeben.

Briesens und Nadolskis Darstellungen in den Kurs mit ein.[319] Von einer Berger Lokalzeitung wurde im Jahre 1985 der Briesen-Bericht politisch instrumentalisiert, um Stimmung gegen eine geplante Umbenennung der Belsener Straße in Anne-Frank-Straße zu machen (siehe Kapitel 5.4). In einem Vorwort zum Bericht wurde bedauert, dass er zwar für die »hiesige heimatliche Geschichte« einen gewissen Stellenwert habe, aber in der »üblichen Geschichtsschreibung« keinen Anklang gefunden hat.[320] Auch Julia Dettmar, die aus Bergen stammt, erwähnt, dass die Aussagen Ernst von Briesens von vielen Bergern wohlwollend und kritiklos übernommen worden sind und Gesprächspartner, die sie für ihre Magisterarbeit interviewte, auf den in ihren Augen wichtigen und aufschlussreichen Bericht hinwiesen.[321]

Der hohe Stellenwert des Briesen-Berichtes hängt sicherlich eng mit der Person des Amtsgerichtsrates und seiner gesellschaftlichen Stellung zusammen. Wilfried Wiedemann, Leiter der Niedersächsischen Landeszentrale für politische Bildung, die 1985 mit der Neugestaltung der Gedenkstätte Bergen-Belsen beauftragt wurde, wies 1998 in einem Symposium daraufhin, wie schwierig es die »historische Wahrheit« in der Region Bergen durch die Apologie Briesens hatte, da der Amtsgerichtsrat ein hoch angesehener Mann war.[322] Ein Hinweis, der genau in diese Richtung geht, ließ sich in dem von Hans-Heinrich Zander betreuten Projekt zur Berger Nachkriegsgeschichte finden. Ein 1923 geborener Geschäftsmann aus Bergen betonte die herausragende Rolle, die Ernst von Briesen zusammen mit dem Pastor des Ortes gerade für die jungen Menschen spielte, die desillusioniert aus dem Krieg zurückkamen. Er gab denen, die resignierten, einen gewissen Halt, und zwar, wie ein anderer Gesprächspartner ergänzend bemerkte, weil er nicht nur das Schlechte im Nationalsozialismus gesehen und den jungen Menschen somit etwas zum Nachdenken mit auf dem Weg gegeben habe.[323]

Die Bedeutung Briesens lässt sich noch an einem anderen Beispiel zeigen. Als Eberhard Kolb 1960 mit Nachforschungen für seine Bergen-Belsen-Monographie begann, bat er den Regierungspräsidenten von Lüneburg um Namen von Personen, die ihm bei seinen Recherchen weiterhelfen könnten. Der Regierungspräsident leitete die Bitte des Historikers an den Bezirksvorsteher des Bezirkes Lohheide weiter und be-

---

[319] Zander, Vorbemerkungen (Gedenkstätte Bergen-Belsen).
[320] Berger Anzeiger vom 12. Juni 1985.
[321] Dettmar, S. 46.
[322] Wiedemann, S. 162.
[323] Zander (Gedenkstätte Bergen-Belsen).

kam einen Monat später Antwort. Auf der Liste des Bezirksvorstehers standen Namen, die nach seiner Meinung »objektive Angaben« über das KZ Bergen-Belsen machen könnten. An erster Stelle auf der Liste stand: Amtsgerichtsrat a.D. Dr. von Briesen, Bergen/Celle.[324]

## 5.2 Der Wahlerfolg der Sozialistischen Reichspartei (SRP)

Auf dem Gebiet des 1946 als Land gegründeten Niedersachsen fanden bis zur ersten Bundestagswahl vom 14. August 1949 verschiedene Landtags-, Kreis- und Gemeindewahlen statt. Zusammenfassend lässt sich für alle diese Wahlen festhalten, dass im Landkreis Celle und speziell in der Region Bergen das Wahlverhalten konform mit dem ganzen Land Niedersachsen war. Die SPD und die Deutsche Partei (DP), eine welfisch-konservative Vereinigung, die sich bis Juni 1947 Niedersächsische Landespartei nannte, gingen stets als Wahlsieger hervor. Auch bei der ersten Bundestagswahl lagen diese beiden Parteien, die DP mit 28,9 % der Stimmen diesmal knapp vor der SPD mit 23,3%, im Landkreis Celle vorne. Bemerkenswert ist die Bundestagswahl von 1949 im Zusammenhang mit dieser Untersuchung, weil es in Niedersachsen und speziell im Landkreis Celle zu einem deutlichen Rechtsruck kam: Die Deutsche Konservative Partei – Deutsche Rechtspartei (DKP-DRP) konnte dank ihrer in Niedersachsen gewonnenen 8,1 % fünf Abgeordnete, darunter ihre schillerndste Figur, den späteren Vorsitzenden der Nationaldemokratischen Partei Deutschlands (NPD), Adolf von Thadden, in den Bundestag entsenden. Im Landkreis Celle wurde sie sogar mit 13,1 % der Stimmen hinter SPD und DP drittstärkste Kraft.[325] Bei der zweiten niedersächsischen Landtagswahl im Mai 1951 sollte sich diese Tendenz durch den Erfolg der SRP noch verstärken. Wie es dazu kam, dass im Landkreis Celle, und dort speziell in der Region Bergen, Menschen in großer Zahl »rechts« wählten, obwohl gerade in ihrem Landstrich der Nationalsozialismus einige Jahre zuvor seine ganze Vernichtungsideologie konsequent und auf grausamste Weise offenbart hatte, soll am Beispiel der SRP kurz skizziert werden.

Die im Oktober 1949 gegründete SRP knüpfte radikal an nationalsozialistische Traditionen an und wurde in den folgenden drei Jahren das Zentrum des Rechtsradika-

---

[324] KrA Celle, Fach K 100, Neues Aktenzeichen 019-01: Der Regierungspräsident von Lüneburg an den Herrn Bezirksvorsteher des gemeindefreien Bezirkes Lohheide, 18. Mai 1960.
[325] Bei einer Kommunalwahl in Wolfsburg (1948) gelang der DKP-DRP mit 70% (!) Stimmen ihr spektakulärster Erfolg. Rowold, S. 316 f.

lismus in Niedersachsen.[326] Den Parteikadern, darunter ehemalige NS-Regierungspräsidenten, Landesbauernführer und »alte Rabauken aus der SA- und RAD-Führung«, wie »Der Spiegel« in einer Berichterstattung kurz vor der Landtagswahl bemerkte,[327] gelang es relativ schnell, für ihre Kandidatenliste auch ortsansässige Landwirte und Handwerker zu gewinnen. In einem auf mehrere Wochen angelegten Wahlkampf tingelte die Parteielite über die Dörfer und propagierte in meist vollbesetzten Sälen die Wiedergeburt eines gesamtdeutschen Reiches, betonte die »guten Seiten« des Nationalsozialismus und bestritt vehement die Alleinschuld Deutschlands am Krieg, der gar nicht erst verloren worden wäre, wenn man weniger Verräter in den eigenen Reihen gehabt hätte. Einer der »Starredner« der SRP, ihr 2. Vorsitzender Otto Ernst Remer, Ritterkreuzträger und mitverantwortlich für die Niederschlagung des Putschversuches vom 20. Juli 1944, kam in einem Monat auf 46 Wahlveranstaltungen und sprach dabei vor rund 40.000 Leuten.[328] Unter dem Publikum der SRP, das zuweilen mit dem Badenweiler Marsch, Hitlers Lieblingsmarsch, empfangen wurde,[329] befanden sich ehemalige Wehrmachtssoldaten und NSDAP-Mitglieder, Bauern und Flüchtlinge, insgesamt auffallend viele junge Menschen und Frauen.[330] Die SRP erreichte schließlich am 6. Mai 1951 bei der zweiten Wahl zum Niedersächsischen Landtag 11 % der Stimmen und zog mit 16 Mandaten, darunter 4 Direktmandaten, in den Landtag ein. Im Wahlkreis Nr. 50, Celle-Land, kam ihr Kandidat Helmut Brammer mit knapp 20 % auf den dritten Platz, vor ihm landeten nur der Kandidat vom Block der Heimatvertriebenen und Entrechteten (BHE) und der Sieger des Wahlkreises, Friedrich Stolte von der Niederdeutschen Union (DP/CDU). Die absolute Mehrheit im Wahlkreis 50 erreichte Brammer u.a. in der Gemeinde Becklingen, die relative Mehrheit z.B. in der Gemeinde Bergen mit 31,6 % der Stimmen.[331] Der

---

[326] In anderen Bundesländern konnte die SRP nicht Fuß fassen. Rowold, S. 318. Vgl. ausführlich zur SRP: Otto Büsch/Peter Furth, Rechtsradikalismus im Nachkriegsdeutschland. Studien über die »Sozialistische Reichspartei« (SRP), Berlin/Frankfurt am Main 1957.

[327] Der Spiegel, Heft 18 (1951), S. 6. SA = Sturmabteilung; RAD = Reichsarbeitsdienst.

[328] Ebd.

[329] Janssen, S. 88.

[330] Buschke, S. 95.

[331] KrA Celle, Fach 062-01, N 26 Nr. 3/2: Landtagswahlen, Kreiwahlvorschläge und Ergebnisse, Bd. 2, 1947-1955. Obwohl die Bundesregierung bereits kurz vor der Landtagswahl die SRP als staatsfeindliche Organisation deklarierte und ankündigte, einen Verbotsantrag zu stellen, wenn das Bundesverfassungsgericht erst seine Tätigkeit aufgenommen habe, versuchte der Wahlsieger DP/CDU die SRP in eine »antimarxistische« Regierungskoalition einzubinden, um eine Regierungsbildung unter Führung der SPD zu verhindern. Schmollinger, S. 2316 f.

für viele unerwartete Wahlerfolg der SRP ist nicht im Detail zu erklären. Für eine genaue Analyse auf Basis empirischer Wahlforschung fehlen z.B. noch vergleichende Untersuchungen ihrer Hochburgen und eine umfassende Auswertung ihrer Mitgliederstruktur. Dennoch lassen sich Gründe nennen, die über rein hypothetische Erklärungsversuche hinausgehen und im Wesentlichen auch auf den Landkreis Celle zutreffen.[332]

Die SRP erreichte ihre Spitzenwerte in ehemaligen NSDAP-Hochburgen, die ländlich-agrarisch strukturiert waren oder sich in mittelgroßen Städten mit ländlichem Umfeld befanden. Diese überwiegend protestantisch geprägten Regionen hatten meist überdurchschnittlich viele Arbeitslose und Flüchtlinge zu verzeichnen.[333] Die SRP, die ähnlich wie die NSDAP die gesamtgesellschaftliche Bedeutung der Landwirtschaft betonte, versuchte die sozialen Nöte der Menschen mit dem verlorenen Krieg und der Teilung Deutschlands zu erklären und gab damit den »Bonner Demokraten« und den Besatzungsmächten die Schuld für die wirtschaftlichen und gesellschaftlichen Missstände.[334] Gewählt wurde sie z.B. von ehemaligen NSDAP-Mitgliedern, die wegen der Entnazifizierung ihre »soziale Deklassierung« kritisierten und sozusagen aus Protest SRP wählten,[335] von Landwirten, die ihrer Stammpartei DP kein Vertrauen mehr entgegenbrachten, und auch von vielen Flüchtlingen, die sich von »ihrer« Partei, dem BHE, nicht ausreichend vertreten sahen.[336]

Laut Aussage einiger Berger Bürger waren es in erster Linie die Politik und das Auftreten der britischen Besatzungsmacht, die sie dazu bewogen haben, SRP zu wählen. Britische Offiziere sollen demnach gegenüber den Bewohnern der Region Bergen eine »unerträglicher Arroganz« an den Tag gelegt haben, englische und kanadische Soldaten prügelten sich in Gaststätten und bei Festlichkeiten mit den Einheimischen und, nicht zu vergessen, die 1945 von befreiten KZ-Häftlingen begangenen Plünderungen wurden nach wie vor dem Fehlverhalten der britischen Soldaten in die Schuhe

---

[332] Trittel, S. 76.
[333] Schmollinger, S. 2311 f.
[334] Trittel, S. 77-81.
[335] Stellvertretend sei hier der ehemalige Oberregierungsrat H. Bergmann erwähnt, der nach einer zweijährigen Internierung von 1945-1947 nur eine Anstellung als Bauhilfsarbeiter gefunden hatte. Der Spiegel, Heft 19 (1951), S. 42.
[336] Heiko Buschke hat für die Stadt und den Landkreis Lüneburg herausgefunden, dass gerade viele Ostzonenflüchtlinge SRP wählten. Buschke, S. 93. Helga Grebing betont, dass ein Flüchtling nicht SRP wählte, bloß weil er Flüchtling war, sondern ihn vielmehr seine gesellschaftliche Stellung, z.B. ob er arbeitslos war oder nicht, dazu bewog. Grebing, S. 267.

geschoben.[337] Die Vorstellung, von den Briten für das Massensterben in Bergen-Belsen in eine Art »Sippenhaft« genommen worden zu sein, löste offensichtlich in vielen Köpfen eine Abwehrreaktion aus. Ein Berger Gastwirt, der sich aus den eben geschilderten Gründen bei den Gemeindewahlen von 1956 als Parteiloser auf die Wahlliste der rechtsgerichteten Deutschen Reichs-Partei (DRP) setzen ließ, vermutete dann auch, dass gerade junge Berger mit den Rechtsparteien sympathisierten, weil sie ihnen ein neues »Vaterland« versprachen und ihr Selbstwertgefühl als Deutsche stärkten.[338] Die Vermutung, dass das »Herabsetzen« der Deutschen durch die Engländer eine Trotzreaktion auslöste, verband ein gebürtiger Magdeburger, der Anfang der 50er Jahre als Lehrer in den Landkreis Celle versetzt wurde, mit dem Hinweis, dass man zwar Nazi, aber deswegen noch lange kein schlechter Mensch gewesen sei und für den »Mist«, der letztendlich passierte, nichts könne.[339]

Durch den herrschenden Pessimismus und die »Opferrolle« der Berger Bürger während der Besatzung wurde das KZ Bergen-Belsen offenbar nicht als Symbol für den Terror des nationalsozialistischen Regimes angesehen. Vielmehr instrumentalisierten viele Bürger die Existenz des Lagers, um auf die Ungerechtigkeit hinzuweisen, die Ihnen angeblich nach der Befreiung widerfuhr. Vor diesem Hintergrund konnte die SRP als eine Partei auftreten, die nicht mit den Verbrechen des Nazi-Regimes in Verbindung gebracht wurde, sondern gegen gegenwärtige Ungerechtigkeiten stand. Der Erfolg der SRP erklärt sich m.E. aber auch zum Teil durch den Antisemitismus, den sie in ihren Parteiblättern auf »widerwärtige Weise« pflegte,[340] und der in der Region Bergen, wie die Aussagen gerade über die befreiten Häftlinge deutlich machen, verbreitet war.[341]

Am 23. Oktober 1952 wurde die SRP vom Bundesverfassungsgericht verboten. Alle Mandate verloren ihre Gültigkeit und viele ehemalige Mitglieder und Abgeordnete gingen zu der 1950 gegründeten DRP über. Die DRP sollte in den 50er Jahren noch einige beachtliche Erfolge in Niedersachsen feiern, wenn auch nicht in dem Ausmaß

---

[337] Zander (Gedenkstätte Bergen-Belsen).
[338] Ebd.
[339] Ebd.
[340] Schmollinger, S. 2279.
[341] Eine Studie von Werner Bergmann und Rainer Erb zeigt, dass ein großer Teil der Deutschen nach Kriegsende rassistisch und antisemitisch geblieben war. Auch im Jahre 1949 stufte sich ein Viertel der bundesdeutschen Bevölkerung selbst als Antisemiten ein und die steigende Tendenz für das Jahr 1952 belegt, dass sich der Antisemitismus in der Bundesrepublik nicht linear zurückentwickelte. Bergmann/Erb, S. 398 ff.

wie die SRP. In Bergen war sie z.b. bei der Landtagswahl 1955 noch klarer Sieger. Sie trat mit einem »Programm der zehn Gebote« an, wobei das vierte lautete: »Du sollst Dich zum deutschen Reich und den echten Werten seiner ganzen Geschichte bekennen. Nur Emporkömmlinge leugnen ihre Vergangenheit!«[342]

## 5.3 Die Gedenkstätte Bergen-Belsen

Vier Wochen nach dem Verbot der SRP wurde auf dem Gelände des ehemaligen KZ Bergen-Belsen von Bundespräsident Theodor Heuss am 30. November 1952 offiziell eine Gedenkstätte eingeweiht. Bereits im Oktober 1945 ordnete die britische Militärregierung an, die Gräber der verstorbenen KZ-Häftlinge angemessen zu pflegen. Während das Belsener Jüdische Komitee am 15. April 1946 zum Jahrestag der Befreiung ein steinernes Mahnmal enthüllte, das seitdem Mittelpunkt der jährlichen jüdischen Gedenkfeiern ist, wurde im Auftrag der Briten Anfang 1947 damit begonnen, ein »zentrales Mahnmal« zu errichten: Ein Obelisk und eine 50 Meter lange Inschriftenwand, auf der man zum Gedenken an die Angehörigen verschiedener Nationen Texte in 15 Sprachen anbringen ließ. Für die Gestaltung der Gedenkstätte und die Ausführung der baulichen Maßnahmen, die sich u.a. durch fehlende Materialien und Geldmittel bis 1949 hinzogen, setzte die Militärregierung deutsche Architekten und Arbeiter ein.[343] Einer dieser Arbeiter, die für ihre Tätigkeit kein Geld, sondern Lebensmitteln und Rauchwaren bekamen, war der Lehrer Wilhelm Niebuhr:

Ich habe am Denkmal mitgebaut. Unser Bauführer sagte immer ›Es wird nicht die Arbeit bezahlt, sondern die Zeit!‹ [...] Wir haben die Arbeit lange hingezögert. Haben hinter unserem Windschirm gelegen, ein Feuer angemacht und nichts getan. [...] Wir sagten uns: einer muß es ja doch bauen, denn können wir uns ja auch die guten Sachen verdienen![344]

Die Aussage des Lehrers lässt nicht erkennen, dass er Verständnis für den Grund des Baus des Mahnmals aufbringt. Vielmehr scheint es ihm darum zu gehen, seine persönlichen Bedürfnisse zu befriedigen. Dafür, dass in Bergen-Belsen Tausende von Menschen umgekommen waren, scheint er kein Bewusstsein entwickelt zu haben, ein Anzeichen des Bedauerns ist nicht zu erkennen. Der Historiker Wolfgang Benz resümiert, dass der Bericht die »egozentrische [n] Borniertheit des Spießers, der emp-

---

[342] Zitiert nach: Hogrefe, S. 52.
[343] Hack, S. 106-107. Vgl. auch Andre Wigger, Erinnerter Nationalsozialismus. Die Gedenkstätte Bergen-Belsen (unveröffentlichte Staatsexamensarbeit), Münster 1992.
[344] SHF, Bergen 284/17: Lehrer Wilhelm Niebuhr, 4. August 1947.

findungslos gegen fremdes Leid bleibt, auch bei voller Wahrnehmung des schrecklichen Sachverhalts« widerspiegelt.[345]

In der Gedenkstätte, für die seit 1952 das Land Niedersachsen die Verantwortung trägt und in der es bis zum Jahre 1966 keine wesentlichen baulichen Veränderungen gab,[346] fanden in den darauf folgenden Jahren eine Reihe von Gedenkveranstaltungen für die verschiedenen Opfergruppen statt. Da es bis Mitte der sechziger Jahre keinen Nachweis darüber gibt, dass sich amtliche Vertreter der umliegenden Ortschaften als Gäste, Redner oder Organisatoren an diesen Gedenkfeiern beteiligt haben,[347] liegt die Vermutung nahe, dass in der Region Bergen nicht nur auf privater, sondern auch auf institutioneller Ebene die Ereignisse um das Lager Bergen-Belsen lieber verdrängt statt aufgearbeitet werden sollten. Ein Beispiel soll das verdeutlichen: Im Februar 1957 wurde in Hamburg von Jugendlichen das Schauspiel »Das Tagebuch der Anne Frank« aufgeführt. Ein Schüler regte daraufhin an, das Grab des in Bergen-Belsen verstorbenen Mädchens zu schmücken.[348] Die Gesellschaft für christlich-jüdische Zusammenarbeit griff diesen Vorschlag auf und plante zur Einleitung der »Woche der Brüderlichkeit« in Bergen-Belsen der Opfer der nationalsozialistischen Gewaltherrschaft zu gedenken. Die Nachricht verbreitete sich in Hamburg wie ein Lauffeuer und sorgte dafür, das sich eine im kleinen Rahmen geplante Gedenkzeremonie zu einem »Kinderkreuzzug gegen die Vergangenheit« entwickelte, wie die Kopenhagener Zeitung schrieb.[349] Am Sonntag, den 17. März 1957, fanden sich in der Gedenkstätte rund 2.000 zumeist junge Menschen ein, um unter großem Medieninteresse Kränze für Anne Frank und die anderen Opfer von Bergen-Belsen niederzulegen.[350] Nur acht Wochen später kam es in Bergen zu einem feierlichen Akt ganz anderer Art. Der knapp 800 Jahre alten Gemeinde war vor zahlreichen geladenen Gästen und Besuchern das Stadtrecht verbrieft worden. Bürgermeister Brockmann gab in einer »ein-

---

[345] Benz, S. 23.

[346] 1966 wurde im Eingangsbereich der Gedenkstätte ein kleines Dokumentenhaus mit einer Ausstellung zur Geschichte des KZ eröffnet. Betreuungspersonal stand den Besuchern aber erst ab Mitte der 80er Jahre zur Verfügung.

[347] Dettmar, S. 97.

[348] Anne Frank kam mit ihrer Schwester Margot Ende Oktober 1944 mit einem Evakuierungstransport von Auschwitz nach Bergen-Belsen. Einige Wochen vor der Befreiung starben beide entkräftet an Typhus.

[349] Zitiert nach: Südschleswigsche Heimatzeitung vom 19. März 1957.

[350] Narzissen für Anne Frank. Die Jugend pilgert nach Bergen-Belsen, in: Badische Zeitung vom 18. März 1957.

drucksvollen Rede«[351] einen Überblick über die Geschichte Bergens und kam in seinen Ausführungen auch auf den Truppenübungsplatz zu sprechen, auf dem seit Kriegsende alliierte Militäreinheiten stationiert waren. Brockmann betonte die wirtschaftliche Bedeutung des 1936 dem Landkreis Fallingbostel zugesprochenen Übungsplatzes und forderte die Stadt Bergen auf, alles dafür zu tun, dass er eines Tages, falls er an die Deutschen zurückgegeben werde, wieder in »ihren« Verwaltungsbereich (womit er den Landkreises Celle meinte) komme. Kein einziges Wort verliert der Bürgermeister hingegen über das ehemalige Kriegsgefangenen- und Konzentrationslager Bergen-Belsen, das ebenfalls auf dem Gelände des Übungsplatzes errichtet wurde. Auch die Gedenkstätte spielte in seiner Rede keine Rolle.[352] Die Aussagen Brockmanns bekommen besondere Bedeutung, wenn man bedenkt, dass Gemeinde und Stadt jahrelang versucht hatten, den Namen Bergen nicht auf Hinweisschildern erscheinen zu lassen, die den Weg zur Gedenkstätte weisen. Dort war in der Regel nur »Gedenkstätte Belsen« zu lesen, obwohl Kriegsgefangenen- und Konzentrationslager die Bezeichnung »Bergen-Belsen« offiziell in ihrem Namen führten. Begründet wurde diese Entscheidung mit der fehlenden institutionellen Verantwortung der Gemeinde und späteren Stadt Bergen.[353] Allem Anschein nach bestand auf Verwaltungsebene an dem Teil des Truppenübungsplatzes Interesse, der durch die Militärstandorte von wirtschaftlicher Bedeutung war. Das Gelände des ehemaligen KZ schien hingegen in den Händen einer anderen Verwaltungsbehörde gut aufgehoben zu sein. Einige Jahre später wies Bürgermeister Brockmann in einem Gespräch mit dem damaligen Bundespräsidenten Heinrich Lübke noch einmal auf diesen Standpunkt hin.[354] Brockmann erwähnte die Ressentiments, die noch immer aufgrund der Vergangenheit gegenüber seiner Stadt geäußert würden, obwohl der Ort Bergen acht

---

[351] Bergen – die jüngste Stadt Niedersachsens, in: Cellesche Zeitung vom 15. Mai 1957.
[352] Ebd.
[353] Strothmann, DIE ZEIT vom 20. Dezember 1985 u. Günther Heins/Ralf Schmidt, Annäherungen – Eine Reise nach Bergen-Belsen. Manuskript einer Radiosendung (ca. 1985, Gedenkstätte Bergen-Belsen). Ein Hinweisschild an einer Autobahnabfahrt mit dem Text »Gedenkstätte Belsen« ist erst 1990 in »Gedenkstätte Bergen-Belsen« umgeändert worden. Aussage von Thomas Rahe vom 27. Mai 2000.
[354] Lübke war anlässlich einer Gedenkfeier zum 20. Jahrestag der Befreiung nach Bergen-Belsen gekommen und von Brockmann und anderen Honoratioren der Umgebung am Bahnhof Bergen abgeholt worden. Auch für diese Veranstaltung ließ sich kein Nachweis erbringen, das einer der Honoratioren an der Gedenkfeier auf dem Gelände der Gedenkstätte teilgenommen hat. Dettmar, S. 97.

Kilometer von dem ehemaligen KZ entfernt gelegen habe. Darüber hinaus habe man mit dem Lager nichts zu tun gehabt, da es seinerzeit zum Landkreis Fallingbostel gehört habe. Stattdessen seien die Vorbehalte nach Meinung Brockmanns immer noch so groß, dass eine süddeutsche Firma eine geplante Fabrikation in Bergen verwarf, da es sich um den Ort handele, der »immer wieder im Zusammenhang mit dem KZ Bergen-Belsen genannt werde.«[355] Lübke pflichtete dem Bürgermeister in seiner ihm eigenen, mitunter etwas ungelenken Art bei, indem er erwiderte, dass man nicht die umliegenden Gemeinden »gesondert damit belasten« könne, sondern die »Belastung« das gesamte deutsche Volk zu tragen habe.[356]

Nach dem Besuch Heinrich Lübkes sollte es noch zwanzig Jahre dauern, bis das Land Niedersachsen die Notwendigkeit erkannte, die Gedenkstätte neu zu gestalten. Der niedersächsische Landtag befasste sich mit der Angelegenheit und beschloss im April 1985 die Umgestaltung der Gedenkstätte. Den Auftrag dafür erhielt die Niedersächsische Landeszentrale für politische Bildung. Nach Abschluss der Bauphase konnte die neu gestaltete Gedenkstätte im April 1990 eingeweiht werden. Dem kleinen Dokumentenhaus wurde eine Dauerausstellung angegliedert, die nun auch die Zeit des Kriegsgefangenenlagers und DP-Camps thematisiert. Darüber hinaus ist die Gedenkstätte um eine Bibliothek und mehrere Räume für Sonderausstellungen, Filmvorführungen, Seminare und einen Bürobereich erweitert worden. Seit der Neugestaltung arbeiten auch wissenschaftliche Mitarbeiter und pädagogisches Personal in der Gedenkstätte, um ehemalige Häftlinge und Besucher zu betreuen und um die Geschichte Bergen-Belsens in »angemessener Differenziertheit« zu erforschen.[357] Als pädagogische Mitarbeiter konnten Lehrer aus dem Landkreis Celle und Soltau gewonnen werden, die bis heute für ihre Tätigkeit ein bis zwei Tage vom Schuldienst freigestellt werden. Einige der Lehrer sind auch Mitglieder der Arbeitsgemeinschaft Bergen-Belsen, die im Zuge der Neugestaltung 1985 gegründet wurde und jährlich Gedenkveranstaltungen auf dem Gelände des ehemaligen Kriegsgefangenen- und Konzentrationslager organisiert.[358] Besucher oder ehemalige Häftlinge, die bis zur Neuge-

---

[355] Cellesche Zeitung vom 26. April 1965.
[356] Ebd.
[357] Wiedemann, S. 152.
[358] Eine der letzten großen Aktionen fand zum Jahrestag der Befreiung am 15. April 2001 statt. Elke von Meding, Lehrerin an der Anne-Frank-Schule in Bergen und pädagogische Mitarbeiterin der Gedenkstätte, entwickelte das Projekt »Wir schreiben Eure Namen«. Um ein Zeichen gegen rechte Gewalt zu setzen schrieben 160 Schulklassen und Jugendgruppen aus Niedersachsen

staltung der Gedenkstätte den Wunsch nach einer Führung hatten, wendeten sich oft an die Stadt Bergen. Die Stadtverwaltung verwies diese Personen an einen Gewerkschafter und SPD-Angehörigen, der auf ehrenamtlicher Basis Führungen durchführte. Die Stadt Bergen sah keine Notwendigkeit, sich in irgendeiner Form an diesen Führungen zu beteiligen.[359]

Erst seit 1990 kam es zu einer Annäherung zwischen Gedenkstätte und Stadtverwaltung, was sicherlich auch daran lag, dass nun Gedenkstättenmitarbeiter vor Ort waren. Im Verlauf der 90er Jahre entwickelte sich nicht nur zwischen Gedenkstätte und Stadt eine gute Kooperation, wie Wilfried Wiedemann, der Leiter der Landeszentrale für politische Bildung, 1998 anmerkte, sondern durch die Mitarbeit der Lehrer im Besucherdienst erfolgt auch eine Rückkoppelung in die Schulen der Region.[360] Differenziert scheint nach wie vor der Umgang zwischen Bevölkerung und Gedenkstätte zu sein. Die sieben Bewohner aus der Region Bergen, die Claudia Dettmar für ihre Magisterarbeit interviewte, hatten zwar alle die Gedenkstätte mindestens einmal in ihrem Leben besucht, aber von einem bewussten Erinnern und Gedenken der Opfer von Bergen-Belsen könne laut Dettmar nicht gesprochen werden. Bis auf Herrn Gralher, der regelmäßig die jährlichen Gedenkfeiern besucht und offen über seine Erfahrungen und Erlebnisse mit dem ehemaligen Kriegsgefangenen- und Konzentrationslager spricht, wurden von den anderen Gesprächspartnern keine Worte oder Gesten des Bedauerns oder der Trauer ausgedrückt. Vielmehr, so Dettmar, ist von ihnen unisono in Frage gestellt worden, ob tatsächlich so viele Menschen in Bergen-Belsen verstorben sind, wie auf den Gräbern eingemeißelt steht. Darüber hinaus wird von vielen Bewohnern der Stadt Bergen, wenn bei Gesprächen das KZ Bergen-Belsen zur Sprache kommt und es um Gedenken und Erinnern geht, darauf hingewiesen, dass man im Ort die »Sühnekirche zum Kostbaren Blut« habe.[361]

---

40.000 Namen von ehemaligen Häftlingen auf ein rund 2 Kilometer langes weißes Band und legten es auf der ehemaligen Lagerstraße aus.

[359] Dettmar, S. 99.

[360] Wiedemann, S. 163. Im August 2000 wurde die bisher letzte Erweiterung der Gedenkstätte eingeweiht. Neben dem Bau weiterer Büro- und Seminarräume wurde das Personal für die Besucherbetreuung aufgestockt. Den 300.000 bis 500.000 Menschen, die jährlich die Gedenkstätte besuchen, stehen heute 8 Lehrer, 15 Honorarkräfte, zumeist Geschichtsstudenten, sowie Praktikanten und ein österreichischer Zivildienstleistender für Führungen und Seminare zur Verfügung.

[361] Dettmar, S. 100-103.

Die Sühnekirche vom Kostbaren Blut wurde 1961 auf Intention des Bischofs Jansen aus Hildesheim in der Stadt Bergen errichtet. Für Bergen sollte die Sühnekirche eine neue Pfarrkirche werden, für die Diözese eine Sühne- und Gebetsstätte für die Opfer von Bergen-Belsen, aber auch für alle anderen Menschen auf der Welt, die das Opfer von Gewalt und Unrecht geworden sind.[362] Um die Erinnerung an Bergen-Belsen aufrecht zu erhalten, hatte Jansen zeitgleich eine Sühnebruderschaft ins Leben gerufen, in der aber Ende der 90er Jahre von den rund 2.000 Mitgliedern der katholischen Kirchengemeinde nur 14 mitwirkten.[363]

**5.4 Die Umbenennung der Belsener Straße**

Am 8. Mai 1985 beantragte der SPD-Fraktionsvorsitzende des Berger Stadtrates, Wilhelm Hohls, die Umbenennung der Belsener Straße in Anne-Frank-Straße. Dass Hohls und seine Fraktionskollegen mit diesem Antrag, dessen Umsetzung ein verspätetes Bekenntnis für die Leiden der Opfer von Bergen-Belsen symbolisieren sollte, eine Lawine lostraten, über die neben der lokalen Presse auch die überregionalen bundesdeutschen Medien und sogar die »New York Times« und »Jerusalem Post« berichteten, zeigt, dass auch ein mittlerweile erfolgter Generationswechsel in der Region Bergen keine spürbare Veränderung im Umgang mit der Vergangenheit bewirkte.

Während man im Landkreis Celle wie in vielen anderen Teilen der Bundesrepublik relativ schnell dazu überging, Straßen und Plätze nach Ortshonoratioren zu benennen, die auch in der Zeit des Nationalsozialismus erfolgreich politisch tätig waren,[364] stieß

---

[362] Lossau, S. 58. Lossau ist der Pfarrer der katholischen Kirchengemeinde. Vgl. zur Sühnekirche auch Matthias Kotowski, Das Bistum Hildesheim und das Lager Bergen-Belsen. Ein Beitrag zur Frage nach der Bewältigung der Verbrechen des nationalsozialistischen Deutschlands durch die katholische Kirche der Bundesrepublik Deutschland (Unveröffentlichte Diplomarbeit), Tübingen 1991.

[363] Die katholische Kirchengemeinde führt jährlich im September eine Sühnewallfahrt zur Gedenkstätte Bergen-Belsen durch, an der sich die evangelische Kirche beteiligt. Dettmar, S. 107 f. Beide Kirchen waren zudem an der Umsetzung des Projektes »Haus der Stille« beteiligt. Das Haus der Stille ist eine begehbare Skulptur, die auf Wunsch vieler Besucher in den Jahren 1997 bis 2000 auf dem Gelände der Gedenkstätte Bergen-Belsen errichtet wurde. Die Besucher vermissten einen Ort, in dem sie sich nach einem Gang über den Friedhof zum Gedenken und Beten zurückziehen können.

[364] Als Beispiel sei der »Wilhelm-Heinichen-Ring« in Celle genannt. Heinichen war von 1919 bis 1945 Landrat des Landkreises Celle. 1945 wurde er von den Briten verhaftet und ein Jahr interniert. 1952-1964 war er Oberbürgermeister der Stadt Celle, ab 1964 Ehrenbürger. Dass Heini-

der Antrag der SPD nicht nur beim politischen Gegner, der CDU und FDP, auf Ablehnung, sondern auch bei einem überwiegenden Teil der Bevölkerung. Als hartnäckiger Gegner der Umbenennung erwies sich der CDU-Ratsherr und Herausgeber des Berger Anzeigers Günther Ernst. Durch die in seinem Lokalblatt veröffentlichten Stellungnahmen und Leserbriefe erhielt die Diskussion erst die Brisanz, die für das große Medienecho sorgte.[365] Einige Bürger erinnerten zwar daran, dass gerade der Ort Bergen sensibel mit seiner Geschichte umgehen müsse und eine Verantwortung für die politische Entwicklung in Gegenwart und Zukunft habe,[366] aber der größte Teil der veröffentlichen Meinung ließ eine überaus ablehnende Haltung erkennen, die sich nicht nur auf die Kernfrage bezog. Eine Frau aus der Region machte in drastischen Worten deutlich, dass schließlich »die hochanständigen Engländer« die Plünderung Bergens »angeordnet« haben und darüber hinaus das deutsche Volk schon genug mit Lügen und Schmähungen überschüttet wurde. Da auch niemand die Sowjetunion wegen der »Ausrottung des afghanischen Volkes« angreife, müsse auch das eigene Volk »keine Beiträge für die dauernde Besudelung« liefern.[367]
Wenngleich der Leserbrief von Frau Stäge in seiner Wortwahl nicht als repräsentativ zu bezeichnen ist, enthält er doch einige Stereotypen, wie z.B. die Aversion gegen die britische Besatzungsmacht, die in dieser Studie bereits Eingang gefunden haben und die im Zusammenhang mit der Umbenennung der Belsener Straße wieder von vielen Bürgern formuliert wurden. Dass man in Bergen nach wie vor nicht mit der Vergangenheit konfrontiert werden wollte, zeigt auch eine Bürgerbefragung, die Günther Ernst im Juli 1985 von seiner Zeitung durchführen ließ. Demnach waren von 578 Bürgern, die sich an dieser Befragung beteiligten, 545 gegen eine Umbenennung der Belsener Straße, nur 29 stimmten dafür.[368]

---

chen nach eigenem Bekunden am 1. Mai 1933 nur in die NSDAP eintrat, um im Amt bleiben und damit das Schlimmste von seinem Landkreis fernhalten zu können, ist in vergleichbaren Fällen oft als Beweggrund genannt wurden. Ob Heinichen tatsächlich »nur« ein fachlich hervorragender Beamter war, dessen Amtszeit bedauerlicherweise in die Zeit des Dritten Reiches fiel, wie Jörg Mielke anmerkt, müsste durch eine kritische Studie überprüft werden. J. Mielke, 100 Jahre Landkreis Celle, Celle 1985.

[365] Im Zusammenhang mit der Umbenennung der Belsener Straße ließ Ernst auch im Juni 1985 den Briesen-Bericht abdrucken (siehe Kapitel 5.1).

[366] Als Beispiel sei der Leserbrief von Herward Eylers genannt, in: Berger Sonntag vom 30. Juni 1985.

[367] Leserbrief von Fr. Stäge, in: Berger Anzeiger vom 3. Juli 1985.

[368] Dettmar, S. 114.

Um überhaupt noch aus der verfahrenen Situation herauszukommen, beschloss der Berger Stadtrat am 16. Juli 1985, das in Bergen-Belsen gestorbene Mädchen Anne Frank in irgendeiner Form zu würdigen. Die Hannoversche Allgemeine Zeitung bezeichnete diese Entscheidung als »faulen Kompromiß« und konstatierte: »In Bergen haben viele schon vor über vierzig Jahren vor dem Konzentrationslager die Augen verschlossen. Mit der Vertagung der Entscheidung hat Bergen bewiesen, dass die Stadt ihre Vergangenheit bis heute nicht bewältigt hat.«[369]
Einen Monat später trat der Verwaltungsausschuss des Stadtrates zusammen und beschloss, die Orientierungsstufe in Bergen nach Anne Frank zu benennen. Allerdings gelang es auch hier nicht, den Entschluss einstimmig zu fassen, was sicher ein Zeichen nach außen gesetzt hätte. In dem neunköpfigen Gremium enthielten sich drei der fünf CDU-Mitglieder ihrer Stimme.[370]
Abschließend lässt sich festhalten, dass diejenigen, die eine Umbenennung der Belsener Straße in Anne-Frank-Straße so vehement zu verhindern suchten, letztendlich genau das erreichten, was sie eigentlich vermeiden wollten: Aufgrund des KZ Bergen-Belsen im Blickpunkt einer breiten Öffentlichkeit zu stehen.
Ein Aufsatz des Historikers Wolfgang Benz zeigt, dass auch in anderen Orten, die kontinuierlich mit ihrer nationalsozialistischen Vergangenheit in Verbindung gebracht wurden, ein »provinzieller Geist« zu spüren war.[371] In Ottobrunn wehrte man sich im Jahre 1987 strikt dagegen, auf einem Kriegerdenkmal eine Tafel zur Erinnerung an die Opfer des KZ Dachau anzubringen, das während des III. Reiches ein Außenlager in Ottobrunn hatte. Ottobrunn, so das Gemeindeoberhaupt damals, sollte die »Etikettierung als KZ-Gemeinde« erspart bleiben.[372] Aber der Ort Dachau brauchte keine Nachhilfe, wenn es darum ging, eine »Vergangenheitsbewältigungsstätte« abzuwehren. So bezeichneten kommunale Politiker eine für das Jahr 1987 geplante Internationale Jugendbegegnungsstätte, die in der Nähe der KZ-Gedenkstätte errichtet werden sollte. Ein Lokalblatt formulierte, dass sich die 1.200 jährige Kreisstadt Dachau dagegen wehren müsse, zum alleinigen Zentrum deutscher NS-Geschichte zu werden. Benz konstatiert, dass es sich allgemein um deutsche Urängste handele. Die als Belastung empfundene Vergangenheit wird durch irrationale Abwehrmechanis-

---

[369] Hannoversche Allgemeine Zeitung vom 18. Juli 1985.
[370] Dettmar, S. 118.
[371] Benz, S. 26.
[372] Ebd., S. 25.

men auf Abstand gehalten, in der Hoffnung, durch Vergessen und Verdrängen Probleme aus der Welt schaffen zu können.[373]
Dass es auch andere Möglichkeiten gab, mit seiner nationalsozialistischen Vergangenheit umzugehen, lässt sich anhand des in Schleswig-Holstein gelegenen Ortes Ladelund zeigen. Dort befand sich Ende 1944 ein kleines KZ-Außenlager, in dem über 300 Häftlinge an den Folgen schwerer Zwangsarbeit starben. Mehr als 100 der Verstorbenen kamen aus dem kleinen holländischen Ort Putten, der nach dem Krieg den Beinamen »Dorf der Witwen« erhielt.[374] Der Pastor von Ladelund setzte sich dafür ein, dass die Toten des KZ-Außenlagers auf dem Friedhof seiner Gemeinde beerdigt wurden und die Gräber eine angemessene Pflege erhielten. Als 1950 zum ersten Mal eine kleine Gruppe aus Putten nach Ladelund kam, wurde sie von den Bewohnern Ladelunds, zur Überraschung der Gäste, an die Gräber ihrer Angehörigen und Freunde begleitet. Zwischen den beiden Orten entwickelte sich nach anfänglichen Zögern eine Freundschaft, die alljährliche gegenseitige Besuche zu Gedenkfeiern einschließt.[375]

### 5.5 Bergen-Belsen im Spiegel von Orts- und Kriegschroniken
Für diesen Abschnitt sind 27 Chroniken und Heimatbücher von Dörfern und Städten aus den Landkreisen Celle und Soltau/Fallingbostel ausgewählt worden, die räumlich einen engen Bezug zum ehemaligen Kriegsgefangenen- und Konzentrationslager Bergen-Belsen und der heutigen Gedenkstätte haben. Die Chroniken können einen Beitrag zur Bewertung darüber leisten, wie in der Region Bergen mit der Vergangenheit – in diesem Fall mit den Ereignissen um Bergen-Belsen – umgegangen wird, weil neben der räumlichen Nähe in fast allen Fällen die Autoren auch aus der Region stammen und oft die Kriegs- und Nachkriegszeit schon als Zeitzeugen miterlebten. Ihre Intention war und ist, die Geschichte des Heimatortes, häufig zu besonderen Anlässen,[376] aufzuschreiben oder eigene Erlebnisse in Form einer kleinen Heimatgeschichte der Nachwelt zu hinterlassen.[377] Die Aufzeichnungen sollen u.a. dazu beitra-

---

[373] Ebd., S. 26.
[374] Eiber, S. 75.
[375] Ebd., S. 76.
[376] Da in den letzten 5-10 Jahren einige Gemeinden einen runden »Geburtstag« feierten und zu diesem Anlass Ortschroniken und Festschriften geschrieben wurden, können auch neuere Schriften berücksichtigt werden.
[377] Autoren sind u.a. ehemalige Wehrmachtssoldaten und Bürgermeister, Berufssoldaten oder Lehrer der jeweiligen Gemeinde.

gen, dass die heutigen Bewohner die Heimat ihrer Vorfahren noch mehr lieben und schätzen[378] und dass das Zusammengehörigkeitsgefühl zwischen Alt- und Neubürgern gestärkt wird.[379] Es geht darum, so Wilhelm Brese, kurz bevor er sich der Geschichte des KZ Bergen-Belsen zuwendet, einen Beitrag zur »Wahrheitsfindung« zu leisten.[380] Dass tatsächlich nicht nur bei Brese eine große Lücke zwischen Anspruch und Wirklichkeit klafft, wird beim Lesen der Chroniken und Heimatbücher schnell deutlich: Da wird in Bezug auf den I. Weltkrieg der alten Legende von der unbesiegten deutschen Armee im Felde neues Leben eingehaucht,[381] Hitlers Machtergreifung am 30. Januar 1933 in erster Linie durch die »ehrlosen Bestimmungen des Versailler Friedensdiktates« erklärt[382] und der Beginn des Polenfeldzuges am 1. September 1939 als »Schicksalsgang« des deutschen Volkes bezeichnet, das sich nach 25 Jahren zum zweiten Mal seinen »Lebensraum« im Osten erkämpfen muss.[383] Die Ende der 90er Jahre erschienene Chronik des Ortes Wietze von Erich Bunke ist aber nicht nur wegen seiner Lebensraumtheorie ein besonderes Ärgernis. Bunke, von 1968-1991 Bürgermeister von Wietze und Träger des Großen Verdienstkreuzes der Bundesrepublik Deutschland, verfälscht darüber hinaus die Geschichte des KZ Bergen-Belsen ganz im Stil von Ernst von Briesen. Er erklärt die hohe Sterberate der Häftlinge mit der Überbelegung und den Krankheiten und Seuchen, die die KZ-Häftlinge ins Lager einschleppten. Dazu kam, so Bunke, dass 50.000 überlebende Häftlinge »zuletzt jeden Dienst abgelehnt« hätten.[384] Zum Schluss des Kapitels über Bergen-Belsen rechnet Bunke dann die KZ-Opfer mit den Opfern alliierter Luftangriffe auf und nennt als Beispiel das »Massaker von Dresden.«[385]

Werden in anderen Chroniken Äußerungen zu dem ehemaligen Lager gemacht, beziehen sie sich meistens auf Häftlingstransporte, die von der SS durch die jeweiligen

---

[378] Keseberg, S. 5.
[379] Borstelmann, Hambühren/Oldau, S. 5.
[380] Brese, S. 67.
[381] Gemeinde Eicklingen (Hg.), S. 429.
[382] Rathmann, S. 207.
[383] Bunke, S. 165.
[384] Ebd., S. 178. Der Briesen-Bericht wird zwar nicht, wie z.B. der Bericht von Nadolski, als Quelle angegeben, der Wortlaut ist aber vergleichbar. Bei Briesen haben die »wenig disziplinierten« KZ-Häftlinge zum Schluß nicht mehr »gehorcht.«
[385] Ebd., S. 181-185.

Gemeinden Richtung Bergen-Belsen geführt worden waren[386] und in besonderem Maße auf die von den befreiten Häftlingen, Kriegsgefangenen und Zwangsarbeitern begangenen Plünderungen. Die Plünderungen werden in ihren Ausmaßen wie schon bei der SHF u.a. mit dem Dreißigjährigen Krieg verglichen,[387] die Plünderer als »Horden« bezeichnet,[388] die eine »Schreckensherrschaft« ausübten und als »neue Herren« durch das Land zogen,[389] Frauen und Mädchen bedrängten[390] und auf »viehische Weise« eine Kuh nach der anderen schlachteten.[391] In einigen Chroniken und Heimatbüchern lassen sich auch Stereotypen finden, die im Verlauf dieser Studie schon mehrfach angeklungen sind, wobei es keine Rolle spielt, ob die Aufzeichnungen älteren oder jüngeren Datums sind. So wird mitunter behauptet, dass an den Plünderungen die britische Besatzungsmacht nicht schuldlos war, da sie es nicht geschafft habe, für Ruhe und Ordnung zu sorgen.[392] Verantwortlich seien die Briten auch für einen »Greuelfeldzug« gegen das ganze deutsche Volk gewesen, den die Engländer nach der Befreiung des Lagers in den Augen einiger Chronisten starteten.[393] Ohne Schuld an den Zuständen in Bergen-Belsen war dagegen nach Meinung zweier Autoren, die die Zeit des Nationalsozialismus als Augenzeugen miterlebten, der Kommandant Josef Kramer, wobei gerade das Argument von Wilhelm Brese etwas sonderbar anmutet: Weil Kramer nichts für die Zustände in Bergen-Belsen konnte, ist er auch nicht vor den Engländern geflohen.[394] Die Frage, ob die Bevölkerung schon während des Krieges von der Existenz des Lagers Kenntnis hatte, wird grundsätzlich bejaht. Was sich aber hinter dem Stacheldrahtzaun ereignete und dass dort Tausende von Menschen auf grausame Weise umkamen, konnte nach Meinung der Chronisten niemand wissen.[395]

---

[386] Einige Chroniken sind in Kapitel 2.2.1 berücksichtigt worden. In den Chroniken, die dieses Thema anschneiden, wird meistens geäußert, dass die Häftlinge aufgrund ihres Aussehens bemitleidet worden sind, aber ihnen wegen des SS-Personals nicht geholfen werden konnte. Hilmer, S. 14; Mauer, S. 73; Mangels, S. 180 f.
[387] Keseberg, S. 144 u. Stelter, S. 435.
[388] Blazek/Evers, S. 352.
[389] Gemeinde Winsen/Aller – Ortsteil Wolthausen (Hg.), S. 77.
[390] Blazek/Evers, S. 352.
[391] Hilmer, S. 114.
[392] Klapproth, S. 190; Stelter, S. 435; Saft, S. 198.
[393] Vgl. u.a. Brese, S. 68 u. Heitmann, S. 389.
[394] Brese, S. 68; Klapproth, S. 59.
[395] Saft, S. 198; Mangels, S. 183; Gemeinde Eicklingen (Hg.), S. 415.

Insgesamt fällt auf, dass die Geschichte des Kriegsgefangenen- und Konzentrationslagers Bergen-Belsen in den meisten Chroniken und Heimatbüchern nur eine untergeordnete Rolle spielt.[396] Wird das Lager erwähnt, stehen die Plünderungen der befreiten Häftlinge und Kriegsgefangenen im Vordergrund. Während ein Chronist zum Thema Bergen-Belsen nur kommentarlos die Berichte von Ernst von Briesen und Hauptmann Nadolski in seinen Text einfügt,[397] wird das Lager bei vielen anderen oft auf wenigen Zeilen abgehandelt, häufig sogar komplett ausgespart. Als Beispiel sei hier das »heimatliche Hausbuch« von Günther Ernst erwähnt. Ernst, der in seinem 1990 erschienenen Buch den Bewohnern der Region Bergen Wissenswertes über Kultur und Geschichte seiner Heimat vermitteln möchte, erwähnt auf knapp 200 Seiten nicht ein einziges Mal das Lager Bergen-Belsen. Eine dem Text voran gestellte Zeittafel, die der Verfasser »mit großer Liebe zum Detail« erstellte,[398] endet 1939 mit dem Eintrag: »Der Krieg beginnt.«[399] Eine kritische Auseinandersetzung mit der Zeit des Nationalsozialismus, speziell mit dem Lager Bergen-Belsen, findet auch in vielen Chroniken jüngeren Datums kaum statt.

---

[396] Das Kriegsgefangenenlager Bergen-Belsen findet in den Chroniken noch weniger Berücksichtigung als das KZ. Anmerkungen werden meist nur zu den Kriegsgefangenen gemacht, die bei den Bauern auf den Feldern arbeiteten.

[397] Stelter, S. 210-215.

[398] Zitat aus dem Geleitwort von Bürgermeister Wegner und Stadtdirektor Gonsior.

[399] Ernst, S. 33. Bezeichnend ist in diesem Zusammenhang auch eine zweiseitige »Geschichtstafel« von Wilhelm Dreyer (Bergen) aus dem Jahre 1958. Die Eintragungen beginnen um das Jahr 800 und enden 1957. Über die Zeit von 1936-1952 wird nichts berichtet. W. Dreyer, Geschichte Bergens – Eine Geschichtstafel, in: StA Bergen, Fach 331-01, Geschichtliches aus Bergen und seinen Ortsteilen.

## 6. Schluss

1996 hat der Historiker Jens Schley am Ende eines Aufsatzes über die vielfältigen Beziehungen zwischen der Stadt Weimar und dem KZ Buchenwald damit begonnen, eine These zu untermauern. Die These besagt, dass »die Konzentrationslager als Instrumente des Terrors auch Bestandteil der öffentlichen Meinung waren und hier Wirkung entfalteten.«[400] In diese imaginäre Mauer kann, so mein Fazit, ein weiterer Stein eingefügt werden, denn die aufgezeigten Berührungspunkte lassen erkennen, dass das Kriegsgefangenen- und Konzentrationslager Bergen-Belsen auf vielfältige Weise in sein Umfeld eingebunden war und das Erscheinungs- und Meinungsbild der Region Bergen prägte.

Gerade die Versorgung des KZ verdeutlicht den durchstrukturierten Instanzenweg von der SS-Behörde WVHA über Lagerverwaltung, Ernährungsamt, Kreisbauernführer bis hinunter zu den einzelnen Firmen und Lieferanten. Alle Akteure waren Teil eines engen Beziehungsgeflechts und kooperierten auf unterschiedliche Weise miteinander. Die in diesem Kontext häufig gestellte Frage »was hat die Bevölkerung gewusst?« kann, konsequent weiter gedacht, verändert werden: Gewusst haben sie fast alle von dem Lager, aber wie hat sich die Bevölkerung verhalten, was hat sie getan und, vor allen Dingen, wie viele haben von der Existenz des Lagers profitiert?

Dass das Lager Bergen-Belsen einen beachtlichen Wirtschaftsstandort darstellte, belegen z.B. die Tagebuchaufzeichnungen von Arieh Koretz, der zusammen mit einigen anderen Häftlingen über eine Zeitraum von mehreren Monaten fast täglich damit beschäftigt war, ganze LKW-Ladungen Versorgungsgüter von Unternehmen und Bauern aus der näheren Umgebung abzuholen. Allein die letzten Lieferungen von Lebensmitteln und Mehl, die das KZ im April 1945 kurz vor der Befreiung erhielt, also zu einer Zeit, als schon täglich mehrere hundert Menschen verhungerten, veranschaulichen in etwa die Größenordnung: Am 7. April gelangten 30.000 Kilogramm Mehl in das Lager, am 11. April ca. 5.500 Laib Brot und mehr als 3.000 Kilogramm Fleisch.[401] Für 40.000 fast verhungerte KZ-Häftlinge war das viel zu wenig, für Produzenten, Arbeiter, Angestellte und Spediteure ein in Kriegszeiten existenzielles, mitunter auch lukratives Geschäft. Meines Erachtens verlief gerade im Bereich der Versorgung des Lagers die Grenze zwischen Mitwisserschaft und Mittäterschaft flie-

---

[400] Schley, S. 209.
[401] Wenck, Menschenhandel, S. 372.

ßend. Für diese Aussage spricht auch die im Zuge der Kolbschen Recherchen erfolgte Aktenvernichtung und die Bagatellisierung des Wissens um die Zustände im Lager. Im Kapitel über das Kriegsgefangenenlager wurde anhand der vielfältigen Verhaltensweisen von Wachsoldaten und Zivilbevölkerung bereits das Fazit gezogen, dass es auch im totalitären NS-Staat Handlungsspielräume gab und nicht alles so geschehen musste, wie es geschah. Diese Erkenntnis trifft auch für das KZ Bergen-Belsen zu. Misshandlungen und eigenmächtige Tötungen von Häftlingen waren in den Konzentrationslagern ausdrücklich verboten,[402] aber auch in Bergen-Belsen an der Tagesordnung. Die Angehörigen der SS versahen ihren Dienst im Lager und als Begleitpersonal bei Transporten und Arbeitskommandos häufig mit großer Brutalität,[403] waren aber auch vereinzelt bereit, den Häftlingen, wie im Fall von Adolf Gawalewicz (siehe S.35), Mitgefühl entgegenzubringen. Auch das Verhalten der Bevölkerung impliziert unterschiedliche Handlungsalternativen. Als Beispiel seien hier noch einmal die Reaktionen der Celler Bevölkerung erwähnt, die nach einem Luftangriff auf entflohene Häftlinge stießen, die oft stundenlang auf der Suche nach Hilfe durch die Gegend irrten oder Unterschlupf begehrten. Wenige Häftlinge waren von Zivilisten, obwohl strengstens verboten, versteckt und versorgt worden. Die meisten Bewohner beobachteten die Szenerie aus sicherer Distanz und griffen nicht in das Geschehen ein, einige Andere beteiligten sich an der Ergreifung und lieferten Häftlinge bei den zuständigen Behörden ab – der Rest machte mit Knüppeln bewaffnet und ohne jeden Auftrag Jagd auf die entflohenen KZ-Häftlinge.

Auch wenn es verschiedene Verhaltensweisen gab, muss festgehalten werden, dass der überwiegende Teil der Menschen, der mit KZ-Häftlingen in Berührung kam, schwieg, sich anpasste und genau das tat, was verlangt wurde.[404] Ihr Verhalten, so der Historiker Hermann Kaienburg, trug maßgeblich dazu bei, dass »der Verfolgungs- und Repressionsapparat trotz des Personalmangels bis zuletzt auf so furchtbare Weise funktionierte.«[405] Ein Beispiel sind die SS-Männer- und Frauen, die im KZ Bergen-Belsen nicht durch Brutalität auffielen, sondern nur ihren »Dienst« versahen, obwohl sie, wie ein junger SS-Soldat gegenüber einer Berger Bürgerin zu erklären versuchte,

---

[402] Dressen, S. 46.

[403] Vgl. zu den in dieser Arbeit genannten Beispielen die Aussagen von Angeklagten und Zeugen im ersten Belsen-Prozess: Raymond Phillips (Hg.), Trial of Josef Kramer and Forty-Four others (The Belsen Trial), London/Edinburgh/Glasgow 1949.

[404] Kaienburg, »... sie nächtelang nicht ruhig schlafen liess«, S. 52.

[405] Ebd.

das Leiden der Häftlinge selbst nicht mehr mit ansehen konnten. Auch sie waren ein Bestandteil des Vernichtungssystems. Man kann in diesem Zusammenhang nur erahnen, was es für die 40.000 ausgemergelten Männer, Frauen und Kinder, die im April 1945 in Bergen-Belsen eingesperrt waren, bedeutet hätte, wenn der Vormarsch der Alliierten an irgendeiner Stelle zum Stillstand gekommen wäre.

Was waren nun die Beweggründe der Menschen? Die bereits erwähnte Studie von Christopher R. Browning über das Reserve-Polizeibataillon 101 lässt in Bezug auf die Mitglieder des Bataillons Verhaltensmuster erkennen, die ebenfalls für das SS-Personal in Bergen-Belsen gelten (siehe Kapitel 3.2.5). Browning verweist in seinem Buch auch auf die Forschungsergebnisse des Sozialpsychologen Stanley Milgram, der in den 60er Jahren mit über 1.000 Testpersonen Experimente »Zur Gehorsamsbereitschaft gegenüber Autorität« durchführte. Die bei diesen Experimenten gewonnenen Erkenntnisse lassen sich zwar nicht einfach auf eine historische Situation projizieren, bieten aber interessante Vergleichsmöglichkeiten: Drei Viertel der Durchschnittsbevölkerung, die Milgram als »ganz gewöhnliche Menschen« bezeichnet, können demnach durch eine pseudo-wissenschaftliche Autorität dazu gebracht werden, in bedingungslosem Gehorsam unschuldige Menschen zu quälen, zu foltern oder zu töten. Ohne erkennbaren Zwang werden Befehle widerspruchslos, teilnahmslos und routinemäßig befolgt.[406]

Das Verhalten der Bevölkerung war m.E. durch ein ausgeprägtes Desinteresse am Schicksal der in Bergen-Belsen inhaftierten Menschen geprägt. Einige Bewohner der Region kooperierten zwar mit dem Kriegsgefangenen- und Konzentrationslager Bergen-Belsen, machten sich aber wenig Gedanken über die Lebensumstände der Gefangenen und Häftlinge oder verharmlosten sie. Dagegen spricht auch nicht, dass in manchen Äußerungen die Existenz des Lagers gerechtfertigt und ein mitunter ausgeprägter Antisemitismus, wie z.B. bei dem ehemaligen Gemeindedirektor Heinrich Ahrens, erkennbar wird. Generell scheint eine von dem Historiker Ulrich Herbert vorgenommene Charakterisierung der deutschen Gesellschaft für die Zeit des Dritten Reiches auch auf die Menschen, die in der Nähe des Lagers Bergen-Belsen lebten, zu zutreffen: Die Haltung des »gewöhnlichen Deutschen« war von der Gleichgültigkeit und Bereitschaft geprägt, die Verfolgung der Juden, die die größte Opfergruppe in Bergen-Belsen darstellten, hinzunehmen, »sie als unwichtig zu ignorieren.«[407] Her-

---

[406] Stanley Milgram, Das Milgram-Experiment. Zur Gehorsamsbereitschaft gegenüber Autorität, Reinbek bei Hamburg 1974.
[407] Herbert, S. 39.

berts Schlussfolgerung aus dieser Charakterisierung ist ebenso eindeutig wie die von Christopher Browning über die Motive der Reservepolizisten: Die Verbrechen des Nationalsozialismus kann man nicht allein mit einem ideologisch motivierten Vernichtungswillen erklären, der in den 30er und 40er Jahren einen Teil der Bevölkerung prägte und mit dem Ende Hitlers und des Krieges begraben wurde. Vielmehr ist es unter entsprechenden Umständen denkbar, dass die Ausgrenzung und Vernichtung einer Minderheit wieder geschehen kann.

## 7. Quellen- und Literaturverzeichnis

*Unveröffentlichte Quellen*

GEDENKSTÄTTE BERGEN-BELSEN

Interviews:
| | |
|---|---|
| **Cieszewska, Jadwiga** | (10. Oktober 1994). |
| **Ebeling, Herr** | (24. Mai 1995). |
| **Fischler, Zeev** | (20. April 1990). |
| **Gast, Hertha** | (25. September 1990). |
| **Gniatczyk, Maria** | (3. Oktober 1994). |
| **Gnyp, Marian** | (10. Oktober 1990). |
| **Graf, Jan de** | (25. Oktober 1988). |
| **Gralher, Hermann** | (21. April 1985). |
| **Hamann, Herr** | (11. September 1988). |
| **Hanse, Horst** | (Februar 1992). |
| **Hemme, Friedrich** | (21. Januar 1991). |
| **Jakubiec, Andrej** | (7. August 1990). |
| **Jaszczuk, Irena** | (13. Oktober 1994). |
| **Schiwy, Ingeborg** | (3. Dezember 1996). |
| **Scholle, Anni** | (o.J). |
| **Willdorf-Isaac, Ruth** | (2. Juli 1996). |

Berichte:
**Bartkova, Truda:** Mit den Augen der Erinnerung. Zehnseitiger persönlicher Bericht.
**Behrens, Friedrich:** Bergen-Belsen. Erinnerungen an eine Zeit vor 57 Jahren, Bremen 1998.
**Choko, Isabelle:** Ma première vie (Mein erstes Leben). Übersetzung von Waltraud Siano.
**Fischer, Roman:** Vortragsskript, Hilversum 1945.
**Gawalewicz, Adolf:** Nummer kehrt zum Namen zurück, deutsche Übersetzung eines Zeitzeugenberichtes aus dem Polnischen.
**Gitler-Barski, Jozef:** »Aufenthaltslager« Bergen-Belsen. Tagebuch eines Häftlings. Übersetzung aus dem Polnischen von Katarzyna Preuss-Beranek.
**Glag, Hans/Hauptmann Schumacher:** Lage und Ereignisse im März/April 1945 im Raum Bergen-Belsen. Vierseitiges maschinenschriftliches Manuskript, Hannover 1981.
**Hasselmann, Theresia:** Maschinenschriftliches Manuskript ihres persönlichen Berichtes.
**Heins, Günther/Rolf Schmidt:** Annäherungen- Eine Reise nach Bergen-Belsen. Dreizehnseitiges Manuskript einer Radiosendung [ca. 1985].
**Keller, Rolf:** Das Kriegsgefangenenlager Bergen-Belsen 1940-1945. Ein Forschungsbericht, Hannover 1992.
**Naor, Simha:** Im Dezember 1945 notierter Überlebensbericht.
**Ochsenmann, Karl:** Zehnseitiger Zeitzeugenbericht.

**Prommer, Miklos:** Protokoll. Aufgenommen am 21. August 1945 im Büro des Landeskomitees für Deportiertenfürsorge in Budapest.
**Rust, Friedrich:** Erinnerungen an meine Dienstzeit in der Kaserne Bergen-Belsen von Anfang August 1944 bis Mitte März 1945. Maschinenschriftliches Manuskript.
**Tomkiewicz, Mina:** Auch gelebt hat man dort. Maschinenschriftliches Manuskript.
**Weiss, Ina:** Achtseitiger Zeitzeugenbericht.
**Zander, Hans-Heinrich:** Berger Bürger erzählen die Nachkriegsgeschichte ihrer Stadt, o.O. 1982.

KREISARCHIV CELLE

Sammlung Hanna Fueß (SHF)

| | | |
|---|---|---|
| Bergen | 294/17: | Ernst von Briesen, 16. Februar 1948. |
| | | Herr Habermann, 7. April 1949. |
| | | Käthe Lontzeck, 20. April 1960. |
| | | Rudolf Müller und August Becker, 6. August 1947. |
| | | Herr Neumann, 13. August 1947 und sein Bericht vom 20. August 1947. |
| | | Wilhelm Niebuhr, 4. August 1947. |
| | | Erna Pieper, 7. April 1949. |
| | | Bertha Wismer, 7. April 1949. |
| | | Chronik des Pfarrhauses Bergen vom 8. April – 13. Mai 1945. |
| Hetendorf | 296/20: | Wilhelm und Mariechen Kruse, 16. Februar 1955. |
| Hörsten | 296/29: | Fritz u. Marie Schäfer, 14. Juni 1949. |
| Jarnsen | 297/1 : | Albert Brockmann, o.J. |
| Lohheide | 297/11: | Herr Jahr, 11. Dezember 1957. |
| Klein Hehlen | 297/15: | August Lodemann und seine Frau, 20. Januar 1948. |
| Siddernhausen | 298/24: | Heinrich Ahrens, 2. Dezember 1955. |
| Winsen | 299/15: | Herr Cordes, 4. August 1947. |
| | | Anne Ficus, 29. Januar 1948. |
| | | Herr G., 25. Juli 1947. |
| | | Herr Helms, 28. November 1946. |
| | | Walter Redeker, 27. März 1947. |
| | | Georg Schulze, 25. Juli 1946. |
| | | Werner Voss, 24. März 1949. |
| Wohlde | 299/17: | Heinrich Stelter und Paul Brockmann, 4. April 1948. |
| Walle | 299/20: | Heinrich Brockmann, o.J. |
| Wardböhmen | 299/21: | Herr Ahrens, 5. Dezember 1946. |
| | | Hans Modrow, 7. August 1947. |
| Hermannsburg | 299/25: | Karl Habenicht, o.J. |
| | | Hans Piesker, 18. Mai 1949. |

| | |
|---|---|
| Fach 011-30, N 345 Nr. 3: | Bericht der Vertreter der Stadt und des Landkreises Celle über die Besichtigung des befreiten Konzentrationslagers Bergen-Belsen. |
| Fach 019-01, K 100: | Briesen-Bericht. |
| Fach 019-01, K 100: | Der Regierungspräsident Lüneburg an den Bezirksvorsteher des gemeindefreien Bezirkes Lohheide, 18. Mai 1960. |
| Fach 062-01, N 26 Nr. 3/2: | Landtagswahlen, Kreiswahlvorschläge und Ergebnisse, Bd. 2, 1947-1955. |
| Fach 122-0, L 45: | Lageberichte (Reichsverteidigung). |
| Fach 122-0, N 32 Nr. 8a/2: | Lageberichte (Reichsverteidigung). |

STADTARCHIV BERGEN

| | |
|---|---|
| Fach 331-01: | W. Dreyer, Geschichte Bergens – Eine Geschichtstafel, Bergen 1958. Karl Heitmann, Bergener Zeitgeschehen. Die Entwicklung des Schützenwesens in Bergen (Kreis Celle) und Umgegend. Von der Nachkriegszeit bis zur Stadtwerdung Bergens 1945-1956, Bergen 1968 u. 1974. |

STADTARCHIV CELLE

| | |
|---|---|
| Fach L 16 575: | Nachlass Carla Meyer-Rasch. Aus Celles schlimmsten Tagen. Frühjahr 1945, zehnseitiges unveröffentlichtes Typoskript. |
| Fach 9 B 44, Nr. 5: | Neuerrichtung von Handwerksbetrieben 1942-1950. |
| Fach 25 Q 27: | Belieferung der Wehrmacht und Gemeinschaftslager mit Lebensmitteln 1941-1950. |
| Fach 25 Q 93: | Belohnungen für Zivilpersonen bei Ergreifung Kriegsgefangener oder sonstiger gesuchter Personen. |

## *Veröffentlichte Quellen und Erinnerungsliteratur*

**Badische Zeitung:** Ausgabe vom 18. März 1957.
**Berger Anzeiger:** Ausgabe vom 12. Juni 1985.
**Dies.:** Ausgabe vom 3. Juli 1985.
**Berger Sonntag:** Ausgabe vom 30. Juni 1985.
**Bothe, Hertha:** Interview mit Hertha Bothe, in: Holokaust. Sechsteilige Reihe des ZDF, 5. Teil, Die Befreiung. Ausgestrahlt am 14. November 2000, 20:15 Uhr.
**Brese, Wilhelm:** Erlebnisse und Erkenntnisse. Von der Kaiserzeit bis heute, Marwede 1976.
**Cellesche Zeitung:.** Ausgabe vom 15. Mai 1957.
**Dies.:** Ausgabe vom 26. April 1965.
**Deutsche National-Zeitung:** Ausgabe vom 26. April 1985.

**Eppler, Erhard:** Am Rande von Belsen. Erinnerungen an das Kriegende, in: Beilage der Süddeutschen Zeitung vom 20./21. April 1985, S. 3.
**Hannoversche Allgemeine Zeitung:** Ausgabe vom 20. Januar 1950.
**Dies.:** Ausgabe vom 24. März 1962.
**Dies.:** Ausgabe vom 18. Juli 1985.
**Herrmann, Simon Heinrich:** Austauschlager Bergen-Belsen. Geschichte eines Austauschtransportes, Tel Aviv 1944.
**Herzberg, Abel J.:** Zweistromland. Tagebuch aus Bergen-Belsen, Wittingen 1997.
**Kertesz, Lilly:** Von den Flammen verzehrt. Erinnerungen einer ungarischen Jüdin, Bremen 1999.
**Koretz, Arieh (Leo):** Bergen-Belsen Tagebuch eines Jugendlichen. 11.7. 1944-30.3. 1945, Israel 1992.
**Laquer, Renata:** Bergen-Belsen-Tagebuch 1944/1945, Hannover 1983.
**Meyerstein, Charlotte:** 1950 in Buenos Aires notierter Überlebensbericht. Veröffentlicht in: »...vergessen kann man das nicht.« Wittener Jüdinnen und Juden unter dem Nationalsozialismus. Herausgegeben von der Stadt Witten 1991.
**Niedersächsische Landeszentrale für politische Bildung (Hg.):** Konzentrationslager Bergen-Belsen. Berichte und Dokumente (Bergen-Belsen Schriften), Göttingen 1995.
**Obenaus, Herbert u. Sibylle (Hg.):** »Schreiben, wie es wirklich war!« Aufzeichnungen Karl Dürkefäldens aus den Jahren 1933–1945, Hannover 1985.
**Rosenberg, Heinz:** Jahre des Schreckens...und ich blieb übrig, daß ich Dir´s ansage. Übersetzt und bearbeitet von Hannah Voigt, Göttingen 1985.
**Samson, Schlomo:** Zwischen Finsternis und Licht. 50 Jahre nach Bergen-Belsen. Erinnerungen eines Leipziger Juden, Jerusalem 1995.
**Schulze, Rainer:** Unruhige Zeiten. Erlebnisberichte aus dem Landkreis Celle 1945-1949 (Biographische Quellen zur deutschen Geschichte nach 1945, Bd. 8), München 1990.
**Sington, Derrick:** Die Tore öffnen sich. Authentischer Bericht über das englische Hilfswerk für Belsen mit amtlichen Photos und einem Rückblick von Rudolf Küstermeier (Geschichte des Holocaust, Bd. 3), Münster 1995.
**Sommer-Lefkovits, Elisabeth:** Ihr seid auch hier in der Hölle? Erinnerungen an die unheilvolle Zeiten 1944-1945, Zürich 1994.
**Spiegel, Der:** Heft 18 (1951), S. 6-8.
**Strothmann, Dietrich:** Heide drüber und mal ein Kreuz. Begegnungen in Bergen-Belsen, in: DIE ZEIT vom 20. Dezember 1985.
**Wessling, Bernd W.:** Auf der Straße der Anne Frank. Eine Autobiographie, Berlin 1995.
**Woell, Justus:** Eine grausame Begegnung, in: Historische Ecke. Sonderbeilage der Baunataler Nachrichten, Nr. 45, November 1988.
**Zimche, Asriel:** Zeugenberichte aus dem Tal der Todesschatten. Veteranen des Kibbutzes Netzer-Sereni erzählen, o.O. u. o.J.

*Sekundärliteratur*

**Backes, Uwe/Eckhard Jesse:** Politischer Extremismus in der Bundesrepublik Deutschland. Neuausgabe, Bonn 1996.
**Benz, Wolfgang:** Die Abwehr der Vergangenheit. Ein Problem nur für Historiker und Moralisten? in: Dan Diner (Hg.), Ist der Nationalsozialismus Geschichte? Zu Historisierung und Historikerstreit, Frankfurt am Main 1987, S. 17-33.
**Bergmann, Werner/Rainer Erb:** Antisemitismus in Deutschland 1945-1996, in: Wolfgang Benz/Werner Bergmann (Hg.), Vorurteil und Völkermord. Entwicklungslinien des Antisemitismus, Bonn 1997, S. 397-434.
**Bertram, Mijndert:** Bombenhagel und »Hasenjagd« – Die Häftlingstransporte von Holzen nach Bergen-Belsen, in: Detlef Creydt/August Meyer (Hg.), Zwangsarbeit für die Wunderwaffen in Südostniedersachsen 1943-1945, Bd. 1, Braunschweig 1993, S. 226-230.
**Ders./Rainer Voss:** Vom Ende des NS-Regimes bis zu den ersten demokratischen Wahlen nach dem Krieg. Ein Abriß der Ereignisse, in: Celle '45. Aspekte einer Zeitenwende. Herausgegeben vom Bomann-Museum Celle, Celle 1995, S. 9-40.
**Blazek, Matthias/Wolfgang Evers:** Dörfer im Schatten der Müggenburg. Adelheidsdorf und seine Nachbardörfer. Eine Chronik, Adelheidsdorf 1997.
**Böhm, Henry/Gerd R. Ueberschär:** Aktenüberlieferung zu sowjetischen Kriegsgefangenen im Bundesarchiv-Militärarchiv, in: Die Tragödie der Gefangenschaft in Deutschland und in der Sowjetunion 1941-1956. Herausgegeben von Klaus-Dieter Müller, Konstantin Nikischkin und Günther Wagenlehner (Schriften des Hannah-Arendt-Instituts für Totalitarismusforschung, Bd. 5), Köln/Weimar 1998, S. 267-279.
**Borgsen, Werner/Klaus Volland:** Stalag X B Sandbostel. Zur Geschichte eines Kriegsgefangenen- und KZ-Auffanglagers in Norddeutschland 1939-1945, Bremen 1991.
**Borstelmann, Paul:** Dorfchronik Hambühren/Oldau. Chronik der Einheitsgemeinde Hambühren, Celle 1977.
**Broszat, Martin:** Nationalsozialistische Konzentrationslager 1933-1945, in: Hans Bucheim/Martin Broszat/Hans-Adolf Jacobsen/Helmut Krausnick, Anatomie des SS-Staates, Bd. II, Olten/Freiburg 1965, S. 9-160.
**Browning, Christopher R.:** Ganz normale Männer. Das Reserve-Polizeibataillon 101 und die »Endlösung« in Polen, Hamburg 1997.
**Bunke, Erich:** Wietze im 20. Jahrhundert. Erdöl prägte unseren Ort, Bd. 1, Wietze o.J. (ca. 1997).
**Buschke, Heiko:** Die Sozialistische Reichspartei als niedersächsische Regionalpartei, in: Bernd Weisbrod (Hg.), Rechtsradikalismus in der politischen Kultur der Nachkriegszeit. Die verzögerte Normalisierung in Niedersachsen (Quellen und Untersuchungen zur Geschichte Niedersachsens nach 1945, Bd. 11), Hannover 1995, S. 87-107.
**Dettmar, Claudia:** Bergen-Belsen. Das Verhältnis der Bergener Bevölkerung zum KZ vor und nach 1945. Umgang, Wahrnehmung und Erinnerung an die NS-Zeit (unveröffentlichte Magisterarbeit), Kassel 1998.
**Dinnerstein, Leonard:** Britische und amerikanische DP-Politik, in: Fritz Bauer Institut (Hg.), Überlebt und unterwegs. Jüdische Displaced Persons im Nachkriegsdeutschland, Frankfurt am Main/New York 1997, S. 109-117.

**Distel, Barbara:** Das Zeugnis der Zurückgekehrten. Zur konfliktreichen Beziehung zwischen KZ-Überlebenden und Nachkriegsöffentlichkeit, in: Die nationalsozialistischen Konzentrationslager. Entwicklung und Struktur, Bd.1. Herausgegeben von Ulrich Herbert, Karin Orth und Christoph Dieckmann, Göttingen 1998, S. 11-16.
**Diwald, Hellmut:** Geschichte der Deutschen, Frankfurt am Main/Berlin/Wien 1978.
**Ders.:** Geschichte der Deutschen, überarbeitete Auflage, Frankfurt am Main/Berlin/Wien 1987.
**Dressen, Willi:** Die Vernichtungslager, in: Heiner Lichtenstein/Otto R. Romberg (Hg.), Täter-Opfer-Folgen. Der Holocaust in Geschichte und Gegenwart, Bonn 1995, S. 38-48.
**Eiber, Ludwig:** KZ-Außenlager in München, in: Dachauer Hefte Nr. 12 (1996), S. 58-80.
**Eder, Angelika:** Flüchtige Heimat. Jüdische Displaced-Persons in Landsberg am Lech 1945 bis 1950, München 1998.
**Ernst, Günther:** Bergen und seine Ortschaften. Herausgegeben von Günther Ernst mit Unterstützung von Karl Habermann, Realschullehrer i.R., Bergen 1990.
**Gemeinde Eicklingen (Hg.):** Eicklingen. Beiträge zur Geschichte und den gegenwärtigen Verhältnissen der ehemals selbständigen Gemeinden Groß Eicklingen, Klein Eicklingen, Sandlingen, Schepelse, Paulmannshavekost. Ein Lese- und Nachschlagebuch. Planung und Materialsammlung von Wilhelm Köneke. Historische und politische Entwicklung bearbeitet von Helmut Schmidt-Harries, Eicklingen 1991.
**Georg, Enno:** Die wirtschaftlichen Unternehmungen der SS (Schriftenreihe der Vierteljahreshefte für Zeitgeschichte, Nr. 7), Stuttgart 1963.
**Giere, Jacqueline D.:** Kulturelles Vermächtnis und kulturelle Selbstverständigung. Die Lager der jüdischen Displaced Persons im besetzten Deutschland, in: Herbert Obenaus (Hg.), Im Schatten des Holocaust. Jüdisches Leben in Niedersachsen nach 1945 (Quellen und Untersuchungen zur Geschichte Niedersachsens nach 1945, Bd. 12), Hannover 1997, S. 119-129.
**Grebing, Helga:** Politischer Radikalismus und Parteiensystem. Die Flüchtlinge in der niedersächsischen Nachkriegspolitik, in: Bernd Weisbrod (Hg.), Rechtsradikalismus in der politischen Kultur der Nachkriegszeit. Die verzögerte Normalisierung in Niedersachsen (Quellen und Untersuchungen zur Geschichte Niedersachsens nach 1945, Bd. 11), Hannover 1995, S. 259-268.
**Gruner, Wolf:** Artikel Zwangsarbeit, in: Enzyklopädie des Nationalsozialismus. Herausgegeben von Wolfgang Benz, Hermann Graml und Hermann Weiß, München 1997, S. 813 f.
**Hack, Angelica:** Vom Zwang befreit. »Displaced Persons« in Stadt und Landkreis Celle, in: Celle '45. Aspekte einer Zeitenwende. Herausgegeben vom Bomann-Museum Celle, Celle 1995, S. 89-123.
**Heike, Irmtraud:** »... da es sich ja lediglich um die Bewachung der Häftlinge handelt...« Lagerverwaltung und Bewachungspersonal, in: Claus Füllberg-Stolberg (Hg.), Frauen in Konzentrationslagern. Bergen-Belsen, Ravensbrück, Bremen 1994, S. 221-239.
**Herbert, Ulrich:** Vernichtungspolitik. Neue Antworten und Fragen zur Geschichte des »Holocaust«, in: Ders. (Hg.), Nationalsozialistische Vernichtungspolitik 1939-1945. Neue Forschungen und Kontroversen, Frankfurt am Main 1998, S. 9-66.
**Hertwig, Wolfgang:** Ein Mahnmal für die Menschenrechte und die Opfer ungerechter Gewalt – Bergen-Belsen, in: Stadt Bergen (Hg.): 800 Jahre Bergen. Fest- und Denkschrift zur ersten urkundlichen Erwähnung des Kirchspiels Bergen 1197-1997, Bergen 1997, S. 44-47.
**Ders.:** Bergen-Belsen, in: Landkreis Celle (Hg.): Spuren & Zeichen. Menschen im Celler Land erzählen und berichten. Das neue Heimatbuch, Celle 1991, S. 166-171.

**Hilberg, Raul:** Die Vernichtung der europäischen Juden. Die Gesamtgeschichte des Holocaust, Berlin 1982.

**Hilmer, Franz:** Die Chronik der Gemeinde Oldau, in: P. Borstelmann, Dorfchronik Hambühren/Oldau. Chronik der Einheitsgemeinde Hambühren, Celle 1977, S. 73-115.

**Hogrefe, Jürgen:** Im Reich der Toten. Die Befreiung des Konzentrationslagers Bergen-Belsen, in: Spiegel Special. 1945-1948. Die Deutschen nach der Stunde Null, Nr. 4 (1995), S. 48-52.

**Hüser, Karl/Reinhard Otto:** Das Stammlager 326 (VI K) Senne 1941-1945. Sowjetische Kriegsgefangene als Opfer des Nationalsozialistischen Weltanschauungskrieges, Bielefeld 1992.

**Jacobmeyer, Wolfgang:** Vom Zwangsarbeiter zum Heimatlosen Ausländer. Die Displaced Persons in Westdeutschland 1945-1951 (Kritische Studien zur Geschichtswissenschaft, Bd. 65), Göttingen 1985.

**Ders.:** Jüdische Überlebende als »Displaced Persons«. Untersuchungen zur Besatzungspolitik in den deutschen Westzonen und zur Zuwanderung osteuropäischer Juden 1945-1947, in: GuG, Nr. 9 (1983), S. 421-452.

**Jäckel, Eberhard/Peter Longerich/Julius H. Schoeps (Hg.):** Enzyklopädie des Holocaust. Die Verfolgung und Ermordung der europäischen Juden, Bd. III, München 1995, Artikel Wirtschafts-Verwaltungshauptamt, S. 1606.

**Janssen, Karl-Heinz:** Unterschrift: »Der Führer«. Westdeutschlands demokratischer Neubeginn im Spiegel der Lokalpresse – Erinnerungen aus den harten Lehrjahren eines Volontärs, in: DIE ZEIT, Nr. 15 (2001), S. 88.

**Jürgens, Arnold/Thomas Rahe:** Zur Statistik des Konzentrationslagers Bergen-Belsen: Quellengrundlagen, methodische Probleme und neue statistische Daten, in: Die frühen Nachkriegsprozesse (Beiträge zur Geschichte der nationalsozialistischen Verfolgung in Norddeutschland, Heft 3), Bremen 1997, S. 128-148.

**Kaienburg, Hermann:** KZ-Haft und Wirtschaftsinteresse. Das Wirtschaftsverwaltungshauptamt der SS als Leitungszentrale der Konzentrationslager und der SS-Wirtschaft, in: Ders. (Hg.), Konzentrationslager und deutsche Wirtschaft 1939-1945 (Sozialwissenschaftliche Studien, Heft 34), Opladen 1996. S. 29-60.

**Ders.:** »...sie nächtelang nicht ruhig schlafen liess«. Das KZ-Neuengamme und seine Nachbarn, in: Dachauer Hefte Nr. 12 (1996), S. 34-57.

**Kammer, Hermann v.d.:** Geschichte (Chronik) der Ortschaft Wardböhmen mit den Ortsteilen Hoppe und Sehlhof, Bergen 1997.

**Keller, Rolf:** »Die kamen in Scharen hier an, die Gefangenen«. Sowjetische Kriegsgefangene, Wehrmachtssoldaten und deutsche Bevölkerung in Norddeutschland 1941/42, in: Rassismus in Deutschland (Beiträge zur Geschichte der nationalsozialistischen Verfolgung in Norddeutschland, Heft 1), Bremen 1994, S. 35-53.

**Ders.:** »Russenlager«. Sowjetische Kriegsgefangene in Bergen-Belsen, Fallingbostel-Oerbke und Wiezendorf, in: Hans-Heinrich Nolte (Hg.): »Der Mensch gegen den Menschen«. Überlegungen und Forschungen zum deutschen Überfall auf die Sowjetunion 1941, Hannover 1992, S. 111-136.

**Ders.:** Die Behandlung der Kriegsgefangenen durch die Wehrmacht, das Schicksal der sowjetischen Soldaten im Stalag XI C (311) Bergen-Belsen und die Geschichte des »Russenfriedhofs« Hörsten. Zwölfseitiges Handout eines Vortrages vom 16. April 1999 in Bergen-Belsen.

**Ders./Reinhard Otto:** Das Massensterben der sowjetischen Kriegsgefangenen und die Wehrmachtbürokratie. Unterlagen zur Registrierung der sowjetischen Kriegsgefangenen 1941-1945 in deutschen und russischen Institutionen, in: MGM, Nr. 57 (1998), Heft 1, S. 149-180.

**Keseberg, Alfred:** Festschrift der Gemeinde Bleckmar zu ihrer 1100-Jahrfeier. Bd. 2, Bleckmar, Geschichte eines Billunger Dorfes und Gutes, Bleckmar 1966.

**Klapproth, Willy:** Kriegschronik 1945 der Stadt Soltau und Umgebung, Soltau 1955.

**Königseder, Angelika/Juliane Wetzel:** Lebensmut im Wartesaal. Die jüdischen DPs (Displaced Persons) im Nachkriegsdeutschland, Frankfurt am Main 1994.

**Kolb, Eberhard:** Bergen Belsen. Geschichte des »Aufenthaltslagers« 1943-1945, Hannover 1962.

**Ders.:** Bergen-Belsen. Vom »Aufenthaltslager« zum Konzentrationslager 1943-1945, 5. überarbeitete und stark erweiterte Aufl. Göttingen 1996.

**Krizsan, Julius H.:** Bergen-Belsen. Menschen und ihre Schicksale (Sonderausgabe des Celler Zündels), Winsen/Aller 1985.

**Lossau, J.:** Aufriß der Geschichte der katholischen Kirchengemeinde »Sühnekirche vom Kostbaren Blut« zu Bergen, in: Stadt Bergen (Hg.): 800 Jahre Bergen. Fest- und Denkschrift zur ersten urkundlichen Erwähnung des Kirchspiels Bergen 1197-1997, Bergen 1997.

**Mangels, H.:** Winsen/Aller während des zweiten Weltkrieges, in: Paul Borstelmann (Hg.), Beiträge zur Geschichte der Gemeinde Winsen/Aller, Winsen/Aller 1982, S. 179-186.

**Mauer, Herman:** Das Kriegsende 1945 in Wolthausen, in: Gemeinde Winsen/Aller-OT Wolthausen (Hg.): 750 Jahre Wolthausen/Wittbeck, Wolthausen 1986, S. 72-82.

**Milgram, Stanley:** Das Milgram-Experiment. Zur Gehorsamsbereitschaft über Autorität, Reinbek bei Hamburg, 1974.

**Münkel, Daniela:** Bauern und Nationalsozialismus. Der Landkreis Celle im Dritten Reich (Hannoversche Schriften zur Regional- und Lokalgeschichte, Bd. 2), Bielefeld 1991.

**Obenaus, Herbert:** Die Räumung der hannoverschen Konzentrationslager im April 1945, in: Konzentrationslager in Hannover. KZ-Arbeit und Rüstungsindustrie in der Spätphase des Zweiten Weltkriegs. Von Rainer Fröbe, Claus Füllberg-Stolberg u.a. (Quellen und Untersuchungen zur allgemeinen Geschichte des Landes Niedersachsen in der Neuzeit, Bd. 8), Bd. II, Hildesheim 1985, S. 493-518.

**Ders.:** Haben sie wirklich nichts gewußt? Ein Tagebuch zum Alltag von 1933-1945 gibt eine deutliche Antwort, in: Journal für Geschichte 2 (1980), Heft 1, S. 26-31.

**Plattner, Stefanie:** »Schwere Balken und Steine...«. Die Außenlager von Bergen-Belsen, in: Claus Füllberg-Stolberg (Hg.), Frauen in Konzentrationslagern. Bergen-Belsen, Ravensbrück, Bremen 1994, S. 73-78.

**Quast, Anke:** »Ein Kampf für ein besseres Morgen«. Die jüdischen Gemeinden Niedersachsens in den ersten Nachkriegsjahren, in: Herbert Obenaus/Hans-Dieter Schmid (Hg.), Nachkriegszeit in Niedersachsen. Beiträge zu den Anfängen eines Bundeslandes (Hannoversche Schriften zur Regional- und Lokalgeschichte, Bd. 12), Bielefeld 1999, S. 121-150.

**Rahe, Thomas:** Kultur im KZ. Musik, Literatur und Kunst in Bergen-Belsen, in: Claus Füllberg-Stolberg (Hg.), Frauen in Konzentrationslagern. Bergen-Belsen, Ravensbrück, Bremen 1994, S. 193-206.

**Ders.:** Die Bedeutung der Zeitzeugenberichte für die historische Forschung zur Geschichte der Konzentrations- und Vernichtungslager, in: Kriegsende und Befreiung (Beiträge zur Geschichte der nationalsozialistischen Verfolgung in Norddeutschland, Heft 2), Bremen 1995, S. 84-98.

**Rathmann, Franz:** Dorfbuch Eversen. Ein Haus- und Lesebuch, Eversen 1998.
**Rowold, Manfred:** Im Schatten der Macht. Nicht-etablierte Kleinparteien, in: Alf Mintzel/Heinrich Oberreuter (Hg.), Parteien in der Bundesrepublik Deutschland, Bonn 1990, S. 311-362.
**Saft, Ulrich:** Krieg in der Heimat. Das bittere Ende zwischen Weser und Elbe, Walsrode 1988.
**Schekahn, Hans-Jürgen:** Briten und Belsen. Die ersten Monate nach der Befreiung, in: Kriegsende und Befreiung (Beiträge zur Geschichte der nationalsozialistischen Verfolgung in Norddeutschland, Heft 2), Bremen 1995, S. 57-83.
**Schley, Jens:** Weimar und Buchenwald. Beziehungen zwischen der Stadt und dem Lager, in: Dachauer Hefte Nr. 12 (1996), S. 196-214.
**Schmollinger, Horst W.:** Die Sozialistische Reichspartei, in: Richard Stöss (Hg.), Parteien-Handbuch. Die Parteien der Bundesrepublik Deutschland 1945-1980. Sonderausgabe Bd. 4: NDP bis WAV, Opladen 1986, S. 2274-2336.
**Schulze, Rainer:** Celle unter britischer Militärregierung, in: Celler Chronik 9 (2000), S. 7-33.
**Ders.:** »Wir hoffen, daß diese stetige Verbesserung weiter anhält.« Celle unter britischer Besatzung 1945/46, in: Celle ´45. Aspekte einer Zeitenwende. Herausgegeben vom Bomann-Museum Celle, Celle 1995, S. 41-60.
**Segev, Tom:** Die Soldaten des Bösen. Zur Geschichte der KZ-Kommandanten, Reinbek bei Hamburg 1995.
**Siegler, Bernd:** Ein rechter Historiker an Schönhubers Seite, in: TAZ vom 27. Juli 1989, S. 11.
**Sofsky, Wolfgang:** Die Ordnung des Terrors: Das Konzentrationslager, Frankfurt am Main 1993.
**Stelter, Heinz:** 1945. »Heimkehr«. Chronik vom Ende des Krieges um Wietzendorf. Zusammengestellt aus vielen Berichten von Zeitzeugen, Halmern 1990.
**Streisand, Joachim:** Rezension über Hellmut Diwalds Geschichte der Deutschen (1978), in: ZfG, Nr. 27,1 (1979), Heft 5, S. 465-467.
**Streit, Christian:** Keine Kameraden. Die Wehrmacht und die sowjetischen Kriegsgefangenen 1941-1945 (Studien zur Zeitgeschichte, Bd. 13), Stuttgart 1978.
**Trittel, Günter:** Die Sozialistische Reichspartei als niedersächsische Regionalpartei, in: Bernd Weisbrod (Hg.), Rechtsradikalismus in der politischen Kultur der Nachkriegszeit. Die verzögerte Normalisierung in Niedersachsen (Quellen und Untersuchungen zur Geschichte Niedersachsens nach 1945, Bd. 11), Hannover 1995, S. 67-85.
**Wenck, Alexandra-Eileen:** Zwischen Menschenhandel und »Endlösung«: Das Konzentrationslager Bergen-Belsen, Paderborn/München/Wien/Zürich 2000.
**Wetzel, Juliane:** »Displaced Persons«. Ein vergessenes Kapitel der deutschen Nachkriegsgeschichte, in: Aus Politik und Zeitgeschichte, B 7-8/95, 10. Februar 1995, S.34-39.
**Wiedemann, Wilfried:** Zur Bildungsgeschichte der Gedenkstätte Bergen-Belsen, in: Burkhard Asmuss/Hans-Martin Hinz (Hg.), Historische Stätten aus der Zeit des Nationalsozialismus, Berlin 1999, S. 151-164.
**Wienecke, Annette:** »Besondere Vorkommnisse nicht bekannt«. Zwangsarbeit in unterirdischen Rüstungsbetrieben. Wie ein Heidedorf kriegswichtig wurde, Bonn 1996.
**Yantian, Nicholas:** »Aus der Versteinerung heraustreten« – Das »Kazet-Theater« im jüdischen »Displaced Persons«-Lager Bergen-Belsen, 1945-1947, in: Herbert Obenaus (Hg.), Im Schatten des Holocaust. Jüdisches Leben in Niedersachsen nach 1945 (Quellen und Untersuchungen zur Geschichte Niedersachsens nach 1945, Bd. 12), Hannover 1997, S. 131-163.

## 8. Abkürzungsverzeichnis

| | |
|---|---|
| AJDC | American Jewish Joint Distribution Comittee |
| AWA | Allgemeines Wehrmachtsamt |
| BHE | Block der Heimatvertriebenen und Entrechteten |
| DKP-DRP | Deutsche Konservative Partei – Deutsche Rechtspartei |
| DP | Displaced Person |
| DP (S.75ff.) | Deutsche Partei |
| DRP | Deutsche Reichspartei |
| IRK | Internationales Rotes Kreuz |
| JRU | Jewish Relief Unit |
| KrA | Kreisarchiv |
| KZ | Konzentrationslager |
| LAA | Landesarbeitsamt |
| NSDAP | Nationalsozialistische Deutsche Arbeiterpartei |
| OKW | Oberkommando der Wehrmacht |
| PRO | Public Record Office, London/Kew |
| RAD | Reichsarbeitsdienst |
| RSHA | Reichssicherheitshauptamt der SS |
| SA | Sturmabteilung |
| SHF | Sammlung Hanna Fueß |
| SRP | Sozialistische Reichspartei |
| SS | Schutzstaffel |
| StA | Stadtarchiv |
| Stalag | Kriegsgefangenen-Mannschaftsstammlager |
| UNRRA | United Nations Reliefs and Rehabilitation Administration |
| WVHA | Wirtschaftsverwaltungshauptamt der SS |
| ZNW | Zentralnachweis zur Geschichte von Widerstand und Verfolgung 1933-1945 auf dem Gebiet des Landes Niedersachsen |

www.ingramcontent.com/pod-product-compliance
Lightning Source LLC
Chambersburg PA
CBHW060342170426
43202CB00014B/2853